Zu diesem Buch

Erfolgsorientierte Teamarbeit – in diesem Stichwort verdichtet sich die inspirierende neue Unternehmensphilosophie in den am weitesten entwickelten Industriegesellschaften des Westens und Japans. Entsprechend gibt es heute so starke Bestrebungen nach Teilhabe an der Führungsverantwortung, daß man von der *Dritten Revolution* der Managementmethoden spricht. Eine neue Organisationsstruktur entwächst den Kinderschuhen – das Team, das Wir-Gefühl und Engagement stärkt, Kreativität freisetzt und neue Fertigkeiten aufzubauen hilft. Schön, schön! Aber wie macht man das denn nun konkret im betrieblichen Alltag?

Das Autorenteam dieses neuen Bandes in der erfolgreichen Bibliothek des Minuten-Managers erklärt in der bewährten Form locker, kurz, prägnant und sofort anwendbar, wie jede Gruppe vier Stadien durchlaufen muß, ehe sie sich in ein Hochleistungs-Team verwandelt. Diese vier Stadien sind 1. Orientierung, 2. Frustration, 3. Produktion, 4. Beschluß. Führungskräfte auf allen Ebenen werden zentral gefordert, wenn sie den Kommunikations- und Leistungsstil ihrer Mitarbeiter auf eine neue Basis stellen wollen. Diese herausfordernde Management-Aufgabe mit den sich ergebenden Lösungsmodellen wird im vorliegenden Buch nicht langweilig-abstrakt behandelt, sondern in Form einer Geschichte mit handelnden Personen erzählt.

Die Autoren

Kenneth Blanchard studierte Philosophie, Soziologie und Betriebspsychologie. Seinen Doktor erwarb er an der Cornell University mit einer Arbeit über Managementtechniken. Weltberühmt wurde er als Ko-Autor der Minuten-Manager-Bücher. Seine Consultingfirma Blanchard Training and Development im kalifornischen Escondido gehört zu den gefragtesten der USA.

Dr. Don Carew und seine Frau *Dr. Eunice Parisi-Carew* sind Betriebspsychologen und gehören seit Jahren zu dem Erfolgsteam um Kenneth Blanchard in Escondido, CA.

Kenneth Blanchard
Donald Carew
Eunice Parisi-Carew

:01® Der Minuten-Manager schult Hochleistungs-Teams

Deutsch von
Lieselotte Mietzner

rororo
Rowohlt

Die Originalausgabe erschien 1991 unter dem Titel
«The One Minute Manager Builds High Performing Teams»
im Verlag William Morrow and Company, Inc., New York

Veröffentlicht im Rowohlt Taschenbuch Verlag GmbH,
Reinbek bei Hamburg, September 1996

Umschlaggestaltung: Werner Rebhuhn
Gesamtherstellung Clausen & Bosse, Leck
Printed in Germany
1200-ISBN 3 499 60167 2

:01 Das Symbol

Das Symbol des Ein-Minuten-Verkaufstalents –
die Ein-Minuten-Anzeige einer modernen
Digitaluhr – soll uns daran erinnern,
daß wir uns eine Minute Zeit nehmen,
um jeden Kunden als MENSCHEN zu
betrachten.
Und um uns vor Augen zu führen,
daß es für uns nichts Wertvolleres gibt
als unsere Kunden.

01 Inhalt

:01 Einführung

Nie zuvor in der Wirtschaftsgeschichte waren Teamwork-Modelle wichtiger für das erfolgreiche Funktionieren großer Organisationen als heute. Die rapiden Veränderungen im sozialen, technologischen und informationsverarbeitenden Bereich stellen unsere Gesellschaft vor nie gekannte Belastungen. Unsere Unternehmen sind heute verzweigter und stärker wettbewerbsorientiert. Wir können uns nicht mehr darauf verlassen, daß ein paar Topkräfte von selbst an die Spitze drängen und die Führung übernehmen. Wenn wir im weltweiten Wettbewerb überleben wollen, müssen wir Mittel und Wege finden, um die Kreativität und das Potential unserer Mitarbeiter auf allen Ebenen zu erschließen.

Denken wir außerdem an die Verschiebungen in der Bevölkerungsstruktur, den Wertewandel und die Veränderungen in der traditionellen Arbeitsethik, dann sehen wir einen wachsenden Bedarf an neuartigen Organisationsstrukturen und einem neuen Führungsverständnis. Die Menschen fordern heute mehr. Sie wollen eine Arbeit, die sie ausfüllt, und gute Bezahlung.

Entsprechend gibt es heute so starke Bestrebungen nach Teilhabe an der Führungsverantwortung, daß man von der *Dritten Revolution* der Managementmethoden spricht. Eine neue Organisationsstruktur entwächst den Kinderschuhen: das Team, das Wir-Gefühl und Engagement stärkt, Kreativität freisetzt und neue Fertigkeiten aufzubauen hilft. Die heutige Führungskraft ist Förderer des Individuums und Moderator von Gruppen – und zwar nicht nur als effektiver Gruppenleiter, sondern auch als effektives Gruppenmitglied.

Das Team der Blanchard Training and Development, Inc. (BTD) hat in den letzten zehn Jahren umfangreiche Arbeit im Bereich Hochleistungs-Teams geleistet. Dabei waren Don Carew und Eunice Parisi-Carew, beide Gründungspartner von BTD, in vorderster Front tätig. Don und Eunice sind seit über zwanzig Jahren meine engen Freunde und Kollegen, und zusammen haben wir zahllose Stunden damit zugebracht, die Konzepte dieses Buchs in die Praxis umzusetzen. Ich glaube, daß das in *Der Minuten-Manager schult Hochleistungs-Teams* in Form einer Parabel dargestellte Managementkonzept klar den Weg weist, wie man produktivere und befriedigendere Teams aufbaut.

Wie Sie sehen werden, ist unsere Auffassung von Teamwork eng mit dem Konzept des Situationsbezogenen Führens II (Der Minuten-Manager: Führungsstile) verzahnt. Tatsächlich hat unsere Forschungsarbeit im Bereich der Gruppenentwicklung zu Verbesserungen des Situationsbezogenen Führungsmodells geführt, von denen viele durch Don und Eunice angeregt worden sind. Ihr Anliegen, den Arbeitsalltag der Menschen befriedigender und produktiver und die Organisationen humaner, kreativer und erfolgreicher zu machen, ist das Herzstück dieses Buchs.

Wir haben die Konzepte dieses neuesten Bands der *Minuten-Manager-Bibliothek* mit Tausenden von Menschen in den verschiedensten Teams und Organisationen durchgearbeitet, wobei sie stets eine nachhaltige Wirkung erzielten. Ich hoffe, daß dieses Buch sich für Sie als ebenso wirkungsvoll erweisen wird.

Dr. Kenneth Blanchard
Koautor des Buchs *Der Minuten-Manager*

Unseren Müttern
Dorothy, Marjorie und Jenny,
die uns die ersten Lektionen in
Bevollmächtigung und
Liebe gaben.

DER MINUTEN-MANAGER SCHAUTE AUS DEM FENSTER seines Büros, wo er sich immer noch am liebsten aufhielt, wenn er nachdenken wollte. Während er den Blick über die Anlagen schweifen ließ, schreckte ihn das Telefonklingeln auf. Er kam mit den Gedanken in die Realität zurück, trat an den niedrigen Tisch vor seiner Couch und hob den Hörer ab. Wenn er in seinem Büro war, nahm der Minuten-Manager seine Gespräche gern selbst an.

Die Stimme am anderen Ende gehörte Dan Brockway, dem Leiter des innerbetrieblichen Fortbildungswesens einer großen Chemiefirma.

«Na, wie sieht's aus, Dan?» fragte der Minuten-Manager.

«Ausgezeichnet», antwortete Dan. «Aber ich brauche einen Rat. Es geht um unser Führungsseminar.»

Das Führungsseminar war eine neue Fortbildungsveranstaltung, die Dan in seiner Firma anbot. Sie behandelte die entscheidenden Managementtechniken, ohne die eine Führungskraft in den neunziger Jahre nicht mehr effektiv arbeiten kann. Dan war während der Vorbereitung des Seminars einige Male mit dem Minuten-Manager zusammengetroffen. Er war stolz, daß man in der Unternehmensspitze seiner Firma beschlossen hatte, alle Führungskräfte des Hauses mit dem fortgeschrittensten Managementwissen vertraut zu machen, das es zur Zeit gab.

«Das Führungsseminar», wiederholte der Minuten-Manager. «Haben Sie nicht die erste Sitzung gerade hinter sich?»

«Stimmt», antwortete Dan. «Und die Meinungsäußerungen dazu waren sehr positiv – mit einer Ausnahme. Eine junge Frau, Maria Sanchez, die unsere Kundendienst-Programme koordiniert, zweifelt ernsthaft an der Brauchbarkeit einiger Materialien des Seminars. Sie hat mir ihre Bedenken sogar in einem Brief mitgeteilt und wichtigen Leuten Kopien davon gegeben.»

«Was sind ihre Bedenken?» fragte der Minuten-Manager.

«MARIA MEINT, in unserem Seminar ginge es vor allem um die individuelle Mitarbeiterführung, und deshalb wären die angebotenen Konzepte nur von begrenztem Wert. Ihrer Meinung nach verbringen die meisten Manager 50 bis 90 Prozent ihrer Zeit in den verschiedensten Gruppenaktivitäten mit zwei oder mehr Mitarbeitern. In unserem Kurs stünde Teamwork aber keineswegs im Mittelpunkt. Deshalb sagt Maria, wir ließen unsere Führungskräfte auf einem ihrer wesentlichsten Tätigkeitsfelder im Stich.»

«Das ist interessant», sagte der Minuten-Manager. «Was ist Maria noch aufgefallen?»

«Sie findet außerdem, im Minuten-Management läge der Schwerpunkt zu sehr auf Kontrolle», berichtete Dan. «Der Manager gibt die Ziele vor, der Manager lobt, der Manager übt Kritik. Wenn Sie erlauben, zitiere ich aus Marias Brief:

‹Wir brauchen Führungskräfte, die ihre Mitarbeiter zu Teamwork anregen, gemeinschaftliche Problemlösungen fördern und die Gruppe dafür begeistern können, ihre Leistung ständig zu verbessern. Gruppenproduktivität zählt in der heutigen Welt mehr als die Leistung eines einzelnen. Ob ein Manager erfolgreich ist, hängt mehr und mehr davon ab, wie weit es der von ihm geführten Gruppe gelingt, sich in puncto Qualität und Produktivität kontinuierlich zu steigern. Systeme, bei denen es vorkommt, daß die Mitglieder desselben Teams gegeneinander antreten, müssen so umgebaut werden, daß jedes Team-Mitglied die Erfüllung der Gruppenaufgabe zu seinem obersten Ziel macht. Dazu müssen die Manager jedoch ihre Leitungsfunktion zu einem erheblichen Teil an ihre Mitarbeiter abgeben. Werden die Mitarbeiter an der Führung beteiligt, fangen sie an, sich selbst für ihre Gruppe verantwortlich zu fühlen, und sie entwikkeln den Stolz, der aus dem Bewußtsein kommt, etwas Hochkarätiges zu leisten. In einer Organisation, die auf Teamwork setzt, wird man nie zu hören bekommen, daß jemand abwehrend sagt: Damit habe ich nichts zu tun.›»

Nachdem Dan zu Ende gelesen hatte, machte der Minuten-Manager eine kleine Pause.

«Das ist ja vielleicht eine Person!» sagte er, und dann fügte er hinzu: «Was kann ich jetzt für Sie tun?»

«Können Sie mir raten, was ich Maria antworten soll?» fragte Dan. «Wenn ich sie nicht zur Räson bringe, stellt sie mir noch mein ganzes Programm auf den Kopf.»

«So falsch liegt Maria gar nicht», widersprach der Minuten-Manager. «Tatsächlich würde ich sie gern kennenlernen. Mir scheint, sie ist da ein paar wichtigen Fragen auf der Spur. Das Minuten-Management fußt auf soliden Prinzipien. Ich würde Maria aber insofern recht geben: Wenn Sie diese Prinzipien ganz ohne Hinweis auf die spezifischen Fertigkeiten von Gruppen lehren, dann präsentieren Sie Ihren Seminarteilnehmern nur eine Seite der Medaille.»

Der Minuten-Manager lächelte. «Treffen wir uns doch morgen um halb eins zum Essen im Großen Saal des City-Restaurants. Dann erkläre ich Ihnen genauer, warum ich meine, daß Maria mit ihren Einwänden ganz *richtig* liegt.»

«Okay», stimmte Dan zu. «Wie es scheint, habe ich ja noch eine Menge nachzuholen.»

«Nicht nur Sie!» versicherte der Minuten-Manager mit einem fröhlichen Lachen. «Also dann bis morgen!»

AM NÄCHSTEN TAG BEIM LUNCH steuerte der Minuten-Manager geradewegs auf den Grund seines Treffens mit Dan zu.

«Dan, mich hat meine Arbeit früher oft enttäuscht, obwohl ich jede Menge effektiver Managementtechniken parat hatte», begann er. «Lange Zeit hatte ich keine Ahnung, wo meine Frustration herkam. Aber dann erkannte ich eines Tages endlich – so wie auch Ihre Kollegin Maria erkannt hat –, daß meine Tätigkeit ja zum größten Teil gar nicht darin bestand, meine Mitarbeiter in trauter Zweisamkeit anzuleiten und zu führen. In Wirklichkeit arbeitete ich viel häufiger mit Mitarbeiter*gruppen.*»

Einen Augenblick lang herrschte nachdenkliches Schweigen. Dann sagte Dan: «Ihre Worte von gestern abend sind mir noch lange durch den Kopf gegangen. Sie glauben also tatsächlich nicht, daß wir unsere Zeit hauptsächlich mit individueller Mitarbeiterführung verbringen?»

«Nein», bekräftigte der Minuten-Manager. «In der Tat verwenden die meisten Manager weniger als 30 Prozent ihrer Zeit darauf, ihre Mitarbeiter individuell anzuleiten. Führungskräfte verbringen den größten Teil ihres Arbeitstages in Gruppenkonferenzen mit ihren Mitarbeitern oder mit gleichrangigen Managern und ihrem eigenem Chef, oder sie sprechen mit externen Partnern, etwa mit Kunden oder Zulieferern. Als mir das klargeworden ist, nahm ich mir vor, mich schleunigst über Gruppen und ihre Arbeitsweise zu informieren.»

«Wollen Sie mir mitteilen, was Sie herausgefunden haben?» fragte Dan.

Der Minuten-Manager kam sofort zur Sache. «Erstens», begann er, «wenn eine Gruppe effektiv arbeitet, kann sie komplexere Probleme lösen, fundierter entscheiden, mehr Kreativität entwickeln und die individuellen Fähigkeiten und das Engagement ihrer Mitglieder besser fördern, als wenn jeder für sich allein werkelt.»

«Aber kann die Gruppe nicht auch die Produktivität der einzelnen Mitarbeiter abwürgen?»

«Sicher», antwortete der Minuten-Manager. «Wenn sie nicht gut geführt wird. Weshalb die heutige Führungskraft ja auch ein Förderer des individuellen Mitarbeiters und Moderator von Gruppen zu sein hat.»

Dan ließ das einen Augenblick auf sich wirken und fragte dann weiter: «Was haben Sie noch über Gruppen herausgefunden?»

«Zweitens: Jede Gruppe ist einzigartig», fuhr der Minuten-Manager fort. «Jede Gruppe ist ein dynamisches, vielschichtiges, sich ständig wandelndes, lebendiges System, das – genau wie ein Mensch – eigene Verhaltensmuster und eine individuelle Lebensdauer hat.»

«Wie unterscheiden sich Gruppen voneinander?» wollte Dan wissen.

«Na, da sind einmal die ins Auge fallenden Unterschiede nach der Größe und nach dem Zweck der Gruppe und nach Zusammensetzung der Mitglieder. Ein weiterer wichtiger Unterschied, der oft übersehen wird, ist das Entwicklungsstadium der Gruppe», erklärte der Minuten-Manager. «Alle Gruppen durchlaufen ähnliche Phasen, während sich die Ansammlung verschiedenartiger Individuen, die beim ersten Treffen zusammenkommt, zu einem reibungslos zusammenarbeitenden, effektiven Team mausert.»

«Sie meinen, alle Gruppen entwickeln sich ähnlich, unabhängig von ihrer Aufgabe, ihrer Größe und der Häufigkeit, mit der sie sich treffen?» fragte Dan.

«Im Prinzip ja», antwortete der Minuten-Manager. «Aber ich denke jetzt in erster Linie an Teams, die sich in regelmäßigen

Abständen persönlich treffen, eine relativ konstante Mitgliederzahl von zwei bis fünfzehn Mitgliedern haben und eine bestimmte Aufgabe oder ein Problem gemeinsam bearbeiten. Das können die konstanten Gruppen in einer Abteilung, spezifische Projekt-Teams oder Ausschüsse mit kurzfristigen Sonderaufgaben, aber auch Sportmannschaften oder sogar gesellige Gruppen oder Familien sein.»

«Das dürfte die meisten Gruppen einschließen, denen ich bisher angehört habe», sagte Dan. «Aber was ist mit größeren Gruppen?»

«Die gleichen Stadien können Sie auch in größeren Gruppen beobachten», erklärte der Minuten-Manager. «Aber wenn Gruppen mehr als 15 oder 20 Teilnehmer haben, werden sie weniger leistungsfähig und müssen sich in kleinere Einheiten aufspalten, um effektiv arbeiten und Probleme lösen zu können.»

«Das klingt plausibel», kommentierte Dan. «Aber sagen Sie mir: Was genau verstehen Sie unter einem effektiven Team?»

«ICH ANTWORTE GLEICH auf Ihre Frage», sagte der Minuten-Manager. «Zuvor möchte ich Sie aber noch bitten, sich zu erinnern, wann Sie einmal in einem herausragenden Team oder einer leistungsstarken Gruppe mitgearbeitet haben. Denken Sie an ein Team, das eine hochkarätige Leistung erbrachte und dem anzugehören Sie stolz waren.»

«Davon gibt es nicht allzu viele», antwortete Dan. «Aber die Planungsgruppe, mit der zusammen ich unser jetziges Führungsseminar ausgearbeitet habe, kommt dem nahe. Wir haben die letzten sechs Monate zu fünft in dieser Gruppe zusammengearbeitet und sind zufrieden mit dem, was wir zustande gebracht haben.»

«Gut», sagte der Minuten-Manager. «Dann denken Sie bitte an dieses Team und notieren Sie die Faktoren, die es effektiv gemacht haben. Ich habe noch einen Anruf zu erledigen. Deshalb schlage ich vor, daß wir uns in zehn Minuten wieder treffen und uns Ihre Liste gemeinsam ansehen.»

«In Ordnung», sagte Dan und begann, sich Notizen zu machen.

Nachdem der Minuten-Manager telefoniert hatte, bat er Dan, ihm seine Aufstellung zu zeigen.

«Sie ist nicht sehr lang», bemerkte Dan. «Aber ich glaube, sie enthält die wichtigsten Charakteristika der effektiven Gruppen, in denen ich bisher gearbeitet habe.» Seine Liste umfaßte sieben Punkte:

1. Ich weiß genau, was ich zu tun habe. Die Ziele der Gruppe sind klar.
2. Jeder ist ein Stück weit für die Führung der Gruppe verantwortlich.
3. Jeder arbeitet aktiv mit.
4. Ich habe das Gefühl, von den anderen ernst genommen und unterstützt zu werden.

5. Die anderen Teilnehmer hören zu, wenn ich etwas sage.
6. Unterschiedliche Meinungen werden respektiert.
7. Wir arbeiten gern zusammen und haben Spaß miteinander.

«Das ist ein guter Anfang, Dan!» lobte der Minuten-Manager. «Ihre Liste deckt sich mit dem, was ich in Hochleistungs-Teams beobachtet habe. Ich habe das Wort PERFORM gewählt, um die wesentlichen Eigenschaften eines effektiven Teams auf den Punkt zu bringen. Diese Merkmale finden Sie hier auf einer kleinen Karte, die jeder bequem mit sich führen kann.» Und der Minuten-Manager griff in seine Manteltasche, nahm eine Karte heraus und reichte sie Dan. Darauf stand:

Merkmale von Hochleistungs-Teams

Purpose (Sinnzusammenhang)

Empowerment (Bevollmächtigung)

Relationships and Communication (Beziehungen und Kommunikation)

Flexibility (Flexibilität)

Optimal Performance (Optimale Leistung)

Recognition and Appreciation (Respekt und Anerkennung)

Morale (Motivation)

«Kann man sich gut merken», meinte Dan. «Jetzt wüßte ich gern, wie Sie die einzelnen Begriffe definieren.»

Der Minuten-Manager reichte Dan ein Formular. «Hier habe ich eine Checkliste zusammengestellt, in der die einzelnen Charakteristika genauer aufgeschlüsselt werden. Danach können Sie jedes Team, in dem Sie mitarbeiten, einstufen. Denken Sie beim Lesen vielleicht an Ihre Planungsgruppe.»

Beurteilungsbogen für Hochleistungs-Teams

Wo rangiert Ihr Team auf einer Skala von 1 bis 5?
(1 = niedrig; 5 = hoch)

Sinnzusammenhang (Purpose)

1. Die Teilnehmer können einen gemeinsamen Sinn nennen, dem sich alle verpflichtet fühlen.
2. Die Ziele sind klar definiert, anspruchsvoll und haben einen klaren Sinnbezug.
3. Die Strategien zur Erreichung der Ziele sind für alle überschaubar.
4. Die Rollenverteilung unter den Team-Mitgliedern ist klar.

Bevollmächtigung (Empowerment)

5. Die Teilnehmer arbeiten in dem Bewußtsein, persönlich und als Gruppe etwas bewegen zu können.
6. Sie haben Zugang zu den nötigen fachlichen und materiellen Ressourcen.
7. Arbeitsstil und Vorgehensweisen stehen im Einklang mit den Zielen des Teams.
8. Die Teilnehmer begegnen sich mit Respekt und Hilfsbereitschaft.

Beziehungen und Kommunikation (Relationships and Communication)

9. Die Mitglieder des Teams äußern sich offen und ehrlich.
10. Sie haben keine Angst, einander Wärme, Verständnis und Akzeptanz zu zeigen.

11. Die Teilnehmer hören einander aktiv zu.
12. Unterschiede in Meinung und Sichtweise werden begrüßt.

Flexibilität (Flexibility)

13. Bei Bedarf übernehmen die Teilnehmer auch andere Rollen und Funktionen.
14. Sie tragen die Verantwortung für die Leitung und Entwicklung der Gruppe gemeinsam.
15. Die Teilnehmer können sich auf wechselnde Anforderungen einstellen.
16. Unterschiedliche Standpunkte und Sichtweisen werden in Betracht gezogen.

Optimale Produktivität (Optimal Productivity)

17. Der Arbeitsertrag des Teams ist hoch.
18. Es werden qualitativ hervorragende Ergebnisse erzielt.
19. Die Entscheidungsfindung verläuft effektiv.
20. Die Problemlösungsprozesse sind für jeden Teilnehmer durchschaubar.

Respekt und Anerkennung (Recognition and Appreciation)

21. Die Beiträge der einzelnen Teilnehmer werden vom Leiter des Teams und den anderen Mitgliedern anerkannt und gewürdigt.
22. Die Leistung des Teams ist den einzelnen Teilnehmern einsehbar.
23. Die Team-Mitglieder fühlen sich respektiert.
24. Die Beiträge des Teams werden innerhalb der Gesamtorganisation geschätzt und anerkannt.

Motivation (Morale)

25. Die Teilnehmer arbeiten gern im Team mit.
26. Sie fühlen sich zuversichtlich und motiviert.
27. Die gemeinsame Arbeit erfüllt die Teilnehmer mit Stolz und Befriedigung.
28. Die Gruppe fühlt sich zusammengehörig und entwickelt Teamgeist.

«Herzlichen Dank», sagte Dan, als er drei Minuten später wieder aufblickte. «Diese Liste ist wirklich nützlich. Ich glaube, ich würde unsere Planungsgruppe auf jeder dieser Skalen mit 4 oder 5 einstufen.»

Der Minuten-Manager sah ihn so interessiert an, daß er fortfuhr: «Wir hatten einen klaren Sinn und waren sicher, etwas auf die Beine stellen zu können. Die Beziehungen und die Kommunikation in unserer Gruppe waren gut. Wir fühlten uns gewürdigt und anerkannt, und unsere Motivation war hoch. Es ist nur schade, daß ich das von den meisten Gruppen, mit denen ich bisher gearbeitet habe, nicht sagen kann.»

Der Minuten-Manager nickte zustimmend. «Wäre es nicht wunderbar, wenn sich alle Menschen, die bei uns in Gruppen arbeiten, als PERFORM-Team verstehen würden?» fragte er.

«Da haben Sie recht», sagte Dan. «Motivation und Produktivität würden nur so in die Höhe schießen. Wie wichtig es ist, Teams zu entwickeln, habe ich einmal am Anschlagbrett einer Schule gesehen. Dort hing ein Poster mit der Aufschrift:

Keiner von uns ist so schlau
wie wir alle zusammen.

*

None of us is as smart
as all of us.

«Sehr richtig!» bestätigte der Minuten-Manager lächelnd. «Und bedenken Sie, wieviel zufriedener die Menschen mit sich selbst und ihrer Arbeit wären, wenn diese Erkenntnis sich im Arbeitsleben durchsetzen würde. Das ist es nämlich, was heute gefordert wird. Jeder will heute Selbstverwirklichung *und* gutes Geld.»

Dan nickte. «Darf ich noch einmal auf die PERFORM-Charakteristika zurückkommen?» fragte er dann. «Gibt es unter diesen Merkmalen welche, die besonders wichtig sind?»

Der Minuten-Manager verneinte. «Jedes dieser Merkmale hat eine andere Funktion. Ein effektives Team startet mit einem klaren *Sinnzusammenhang* (purpose). Das erhoffte Endergebnis sind *optimale Produktivität* (optimal productivity) und eine hohe *Motivation* (morale). Die Mittel zu diesem Zweck sind *Bevollmächtigung* (empowerment), *Beziehungen* (relationships) und *Kommunikation* (communication), *Flexibilität* (flexibility) sowie *Anerkennung* (appreciation) und *Respekt* (recognition).»

Dan dachte einen Augenblick nach. «Das erste, was ein tüchtiger Leiter tun muß, ist also, einen größeren Sinnzusammenhang oder eine Perspektive, eine Vision zu entwickeln, um dem Team die Richtung vorzugeben?»

«Genau. Darauf kommt es an», antwortete der Minuten-Manager. «Eine gemeinsame Perspektive zeigt den Mitarbeitern, warum sie zusammenarbeiten. Sie macht die Arbeit sinnvoll und hilft den einzelnen Team-Mitgliedern, in die gleiche Richtung zu rudern.

Vor kurzem las ich einen interessanten Artikel darüber, wie wichtig ein größerer Sinnzusammenhang ist. Zwei Arbeiter schlagen mit einem Vorschlaghammer auf einen Granitblock ein. Gefragt, was er da tue, antwortet der erste Arbeiter: ‹Ich versuche, ein Stück von diesem Steinblock abzuschlagen.› Auf dieselbe Frage sagt der zweite Arbeiter: ‹Ich gehöre zu einem Team, das eine Kathedrale baut.›»

Dan und der Minuten-Manager lachten amüsiert. Dann sprach der Minuten-Manager weiter: «Eine größere Perspektive inspiriert uns, so daß wir mehr leisten und uns stärker engagieren. Wir müssen wissen, in welche Richtung wir steuern, und unsere Kräfte bündeln. Aber die Ausrichtung auf eine gemeinsame Perspektive oder einen übergreifenden Sinn ist bloß der erste Schritt auf dem Weg zu einem Hochleistungs-Team.»

«Hab ich's doch fast befürchtet», sagte Dan nachdenklich. «Zu wissen, wie ein Hochleistungs-Team funktioniert, ist ja sehr schön. Aber wie eine Gruppe soweit kommt, ist mir absolut schleierhaft.»

«Durch Zufall passiert das nicht!» lächelte der Minuten-Manager. «Aber der Gruppenentwicklungsprozeß ist heute lange nicht mehr so nebulös, wie er es lange Zeit hindurch war. Wir haben in den letzten vierzig Jahren eine Menge gelernt über Gruppendynamik, Gruppenentwicklung und -leitung. Der Haken ist nur, daß die meisten Organisationen dieses Wissen nicht entschieden genug umgesetzt haben. Erst in jüngster Zeit hat man eingesehen, wie nachhaltig Teamarbeit die Produktivität, die Qualität der Arbeit und die menschliche Zufriedenheit in Organisationen erhöhen kann.»

«SIE HABEN MICH ÜBERZEUGT», sagte Dan. «Was muß ich tun, um ein Team gut zu führen, und wie kann ich meine Mitarbeiter soweit bringen?»

«Der Aufbau eines Hochleistungs-Teams verlangt, daß Leiter wie Teilnehmer sich drei Fähigkeiten aneignen: *Diagnose, Anpassungsfähigkeit* und *Bevollmächtigung*», antwortete der Minuten-Manager.

«Fangen wir doch gleich mit der Diagnose an. Gruppenentwicklung und -produktivität können wir nur fördern, wenn wir die Dynamik und die Verhaltensmuster in unserem Team verstehen. Ich habe gefunden, daß tüchtige Gruppenleiter und -teilnehmer mehr tun müssen als nur reden und zuhören. Am wichtigsten ist wohl die Fähigkeit, die Gruppe in Aktion zu beobachten. Gruppen sind extrem komplex. Wenn Sie eine Gruppe vergrößern, wächst die Zahl der Interaktionsmuster oder Subgruppen geometrisch. Bei einer Gruppe von nur zwei Teilnehmern gibt es bloß eine Untergruppe. Bei einem Team mit vier Mitgliedern steigt die Zahl der Subgruppen auf 11, bei acht Team-Mitgliedern auf 247. Wegen der damit verbundenen Unübersichtlichkeit ist es wesentlich, daß wir Beobachtungsmethoden haben, die uns helfen, das Geschehen in der Gruppe besser zu verstehen.»

«Ach so», rief Dan. «Es ist also praktisch unmöglich zu kapieren, wie ein Team funktioniert.»

«Keineswegs, Dan!» widersprach der Minuten-Manager. «Wir haben ja bereits davon gesprochen, was ein Hochleistungs-Team ausmacht. Wenn wir uns an das PERFORM-Modell halten, bekommen wir eine Vorstellung davon, wie unsere Teams arbeiten sollen. Bei aller Vielschichtigkeit der Gruppenprozesse gibt es doch eine Anzahl beobachtbarer Faktoren, die die Motivation und die Produktivität einer Gruppe beeinflussen. Einer der grundlegendsten Schritte für effektive Gruppenleiter und

Gruppenteilnehmer ist es, in der Gruppe mitzuarbeiten und sie gleichzeitig aufmerksam zu beobachten.»

«Wie kann ich anfangen, mehr über Gruppen zu lernen?»

«Eine Möglichkeit ist, einfach mit der Beobachtung unterschiedlicher Gruppen anzufangen. Hätten Sie Lust, wenn Sie irgendwann Anfang nächster Woche ein bißchen Zeit haben, in unsere Firma herüberzukommen, in ein paar Gruppen hineinzugehen und sich anzusehen, was da abläuft? Ich werde nachfragen, aber ich bin sicher, daß niemand etwas dagegen hat, wenn Sie zuschauen. Ich möchte Sie bitten, bei Ihren Besuchen in den Gruppen zwei Dinge im Auge zu behalten.»

Der Minuten-Manager zog einen Notizblock hervor und zeichnete ein Diagramm.

Dimensionen der Interaktion in Gruppen

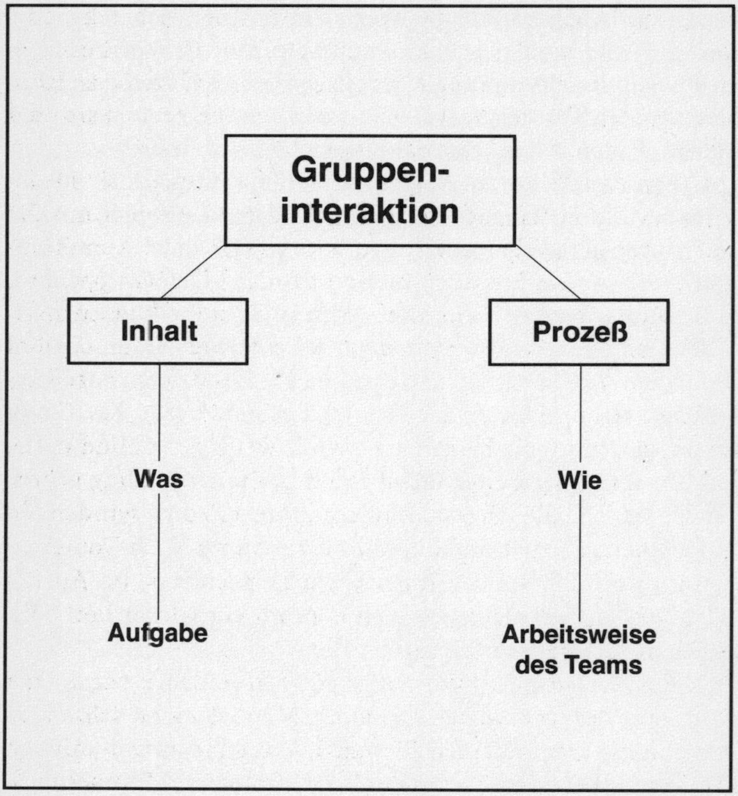

Nachdem Dan sich das Diagramm angesehen hatte, begann der Minuten-Manager: «*Inhalt* meint, was die Gruppe tut: ihre Aufgabe. Wenn Sie zum Beispiel heute nachmittag jemand fragt, was bei unserem gemeinsamen Lunch besprochen worden ist, dann werden Sie wahrscheinlich sagen, daß wir über die Bedeutung und die Charakteristika von Gruppen gesprochen haben – das heißt, Sie nennen den Inhalt unseres Treffens. Wir alle haben in der Schule gelernt, Inhalte zu beachten und Prozesse zu ignorieren. Der Inhalt sagt, *was* auf einer Sitzung getan wird; der Prozeß sagt, *wie* das Team dabei vorgeht.

Unter *Prozeß* ist zu verstehen, was die Teilnehmer in der Gruppe und miteinander erleben. Wird zum Beispiel um die Führungsposition gerangelt, wie wird miteinander kommuniziert, wie werden Entscheidungen getroffen? Den Gruppenprozeß nimmt man nur wahr, wenn man sich auf ihn konzentriert. Leider achten wir normalerweise viel zuwenig darauf, obwohl die Arbeitsergebnisse der Gruppe entscheidend vom Prozeß abhängen. Gruppenleiter, die es nicht zulassen, daß der Gruppenprozeß zur Sprache gebracht wird, werden oft blind dafür, warum ihre Mitarbeiter unzufrieden aus einer Sitzung gehen, obwohl doch alle Tagesordnungspunkte erledigt wurden. In einer solchen Situation kommt es dann oft zu Nach-Konferenzen im Korridor, auf der Toilette, im Treppenhaus, im Aufzug oder auf den Parkplätzen, wobei man immer wieder hört: ‹Eigentlich hätte ich ja noch sagen sollen…›»

Während Dan diese Informationen noch verdaute, begann der Minuten-Manager wieder auf seinen Notizblock zu schreiben. Als er fertig war, riß er das Blatt ab und reichte es Dan mit den Worten: «Diese Liste nehme ich mir immer als Erinnerungsstütze, wenn ich einen Gruppenprozeß beobachte.»

Was in Gruppen zu beobachten ist

- Kommunikation und Teilnahme
- Entscheidungsfindung
- Konflikte
- Führung
- Ziele und Rollen
- Gruppennormen
- Problemlösung
- Atmosphäre/Ton

«Bei *Kommunikation* und *Mitarbeit* geht es darum», erklärte der Minuten-Manager: «Wer spricht mit wem? Wer steht abseits? Wer redet am meisten? und so weiter. *Entscheidungsfindung* meint, wie eine Gruppe ihr Vorgehen festlegt – durch Mehrheitsentscheidung, Konsens, Ausbleiben einer Reaktion? *Konflikte* sind unvermeidlich und notwendig, um effektive und kreative Problemlösungen zu erreichen. Wie geht die Gruppe mit Konflikten um – durch Vermeidung, Kompromiß, Konkurrenzverhalten, Zusammenarbeit? Beim Thema *Führung* dreht sich alles darum, wer wen beeinflußt. Um wirkungsvoll arbeiten zu können, muß sich das Team über die *Rollenverteilung* (Wer tut was?) und die *Ziele* (Was versuchen wir zu erreichen?) im klaren sein. *Normen* sind die Voraussetzungen und Erwartungen auf seiten der Gruppenmitglieder, die bestimmen, welche Verhaltensweisen in der Gruppe als angemessen, welche als fehl am Platz gelten. Das sind die Grundregeln, die das Gruppenverhalten regulieren. Welche Normen fallen bei dieser Gruppe am stärksten ins Auge? Erfolgreiche *Problemlösung* umfaßt das Erkennen und Formulieren des Problems, die Erarbeitung alternativer Lösungen, die Analyse der Konsequenzen, die Aktionsplanung und Auswertung. Wie geht die Gruppe an Probleme heran? Unter *Gruppenatmosphäre* schließlich ist das emotionale Klima, der Umgangston der Gruppe zu verstehen: Wie angenehm wirkt sie?»

«Das ist ein gewaltiges Beobachtungspensum», bemerkte Dan, «wenn man zugleich noch in der Gruppe mitarbeitet.»

Der Minuten-Manager nickte. «Stimmt. Trotzdem müssen sich alle, Gruppenleiter wie -mitglieder, in der Kunst der teilnehmenden Beobachtung üben.»

«Was ist denn das?» fragte Dan.

«Teilnehmende Beobachtung (participant observation) heißt, sich mit dem Inhalt, also der jeweiligen Tagesordnung zu beschäftigen und dabei zugleich noch ein wenig Aufmerksamkeit für das im Team ablaufende gruppendynamische Geschehen übrigzubehalten», erklärte der Minuten-Manager.

«Bei der Vorbereitung einer Entscheidung müßte ich mich also beispielsweise an der Entscheidungsfindung beteiligen und mir zugleich bewußt sein, wie die Entscheidung zustande kommt», überlegte Dan.

«Völlig richtig», bestätigte der Minuten-Manager. «Manchmal peitschen ein oder zwei Team-Mitglieder eine Entscheidung durch, ohne Rücksicht darauf, ob sie von den anderen mitgetragen wird. Hinterher, bei der Umsetzung dieser Entscheidung, landet man dann unter Umständen ganz schön auf dem trockenen.»

«Das habe ich weiß Gott schon erlebt», lächelte Dan. «Es scheint mir aber trotzdem ein bißchen viel verlangt, gleichzeitig in einer Gruppe mitzuarbeiten und sie zu beobachten.»

«Am Anfang ist es nicht ganz leicht», gab der Minuten-Manager zu. «Aber teilnehmendes Beobachten ist wie jede andere menschliche Fertigkeit: Wir können es erlernen und üben, bis es uns zur zweiten Natur geworden ist.»

«Also eine Herausforderung», sagte Dan.

«Ich denke ja», antwortete der Minuten-Manager. «Was Sie brauchen, ist Konzentration und Übung. Es fängt damit an, daß Sie lernen, die Dynamik aufzuspüren und im Auge zu behalten, die sich in der Gruppensituation entwickelt. Das Durchschauen der Gruppendynamik ist der Schlüssel, der uns hilft, die Arbeitsweise und das Entwicklungsstadium einer Gruppe zu diagnostizieren.»

AM MONTAGNACHMITTAG bekam Dan Gelegenheit, sich in Gruppenbeobachtung zu üben. Der Minuten-Manager arrangierte für ihn einen Besuch in der Leistungsbewertungsgruppe, einem Projekt-Team, das von Ron Tillman, dem Betriebsleiter, geführt wurde.

Als Dan am Montag ein paar Minuten vor Beginn der Sitzung ankam, fand er die Team-Mitglieder bereits vollzählig vor. Sie tranken Kaffee und unterhielten sich angeregt. Lächelnd beteiligte sich Dan am Gespräch, das pünktlich um 14 Uhr endete, als ein jovial aussehender Mann Anfang Fünfzig hereintrat. Er eilte sofort auf Dan zu und streckte ihm die Hand hin. «Guten Tag, ich bin Ron Tillman. Ich freue mich, daß Sie zu uns gekommen sind.»

Nachdem Ron die Team-Mitglieder begrüßt und Dan der Gruppe vorgestellt hatte, eröffnete er die Sitzung.

«Ich freue mich, daß diese Projektgruppe zustande gekommen ist. Ich sehe sie als eine wichtige Initiative, deren Wirkung auf unsere Organisation nachhaltig werden dürfte. Wir haben den Auftrag, unser Leistungsbewertungssystem zu revidieren, so daß es die Mitarbeiter auf allen Ebenen unserer Organisation stärker motiviert und zu noch besseren Leistungen anregt. Ein erfolgversprechendes System muß allen unseren Mitarbeitern helfen, klarere Ziele zu setzen und genau zu erkennen, wo sie in bezug auf diese Ziele stehen. Es muß die Voraussetzung dafür schaffen, daß gute Leistungen sicher erkannt und belohnt werden. Es muß unseren Managern ermöglichen, die Kompetenz und das Engagement ihrer Stäbe gezielter zu entwickeln.»

«Ich hoffe, unsere Arbeit hier trägt dazu bei, daß unsere Firma für Mitarbeiter und Kunden zu einem Erfolgspartner wird», fuhr Ron fort. «Die Aufgabe, die vor uns liegt, ist nicht einfach. Wir müssen lernen, produktiv zusammenzuarbeiten, offen miteinander zu kommunizieren, die Verantwortung für Führung und Entscheidungsfindung zu teilen und uns zu einem Hochleistungs-Team auszubilden.

Als Zeitschiene zur Erfüllung unserer Aufgabe haben wir einen Monat. Wir müssen zunächst unser Vorhaben klären und uns einigen, welche Aufgaben und Rollen jeder von Ihnen dabei übernehmen wird.»

Anschließend schrieb Ron die verschiedenen Rollen und Aufgaben auf ein Flip-chart am oberen Ende des Tisches.

Dan war verblüfft über diese geradlinige Sitzungseröffnung. Tillmans Direktheit ging ihm ein wenig gegen den Strich. Er registrierte, daß die Gruppe eifrig bei der Sache war. Obwohl ihm ihre Erwartungen etwas unrealistisch vorkamen (etwa die Hoffnung, mit einem Monat auszukommen), erstaunte es ihn, daß Tillman die Begeisterung der Teilnehmer im weiteren Verlauf nicht schürte, sondern statt dessen immer wieder auf die vor ihnen liegende Arbeit zurücklenkte.

Nach der Sitzung ging Dan auf Tillman zu. «Wie hat Ihnen unser erstes Treffen gefallen?» fragte Tillman.

«Ehrlich gestanden weiß ich es nicht genau», antwortete Dan. «Mir gefiel die Art, wie Sie die Gruppe ins Bild gesetzt und die Dinge in Gang gebracht haben. Aber ich habe auch bemerkt, daß es einige Bedenken gegen die Aufgabe gab, und ein paar Teilnehmer wirkten ängstlich.»

«Das glaube ich gern. Bei einer neuen Gruppe sind die Teilnehmer immer unsicher, ob sie auch mit den anderen harmonieren. Dadurch werden sie untereinander ein bißchen mißtrauisch und zurückhaltend. Am Anfang hat man es meist mit einer Kombination aus Vorsicht und Erwartung zu tun», unterstrich Ron Tillman. «Was meinen Sie zu meinem Führungsstil?»

Dan lächelte. «Sie waren ein wenig direkt. Jedenfalls mehr, als ich erwartet hätte – aber offenbar hat es funktioniert. Die Begeisterung der Gruppe wurde nicht abgewürgt. Tatsächlich wirkte sie sogar etwas erleichtert.»

«Glauben Sie, daß die Gruppe jetzt eine solide Ausgangsbasis für die weitere Arbeit hat?» wollte Tillman noch wissen.

«Auf jeden Fall. Ich meine, die Gruppe hat jetzt eine Vorstellung davon, was auf sie zukommt, und fängt an, Aufgaben und Rollen klarer zu sehen.»

«Das habe ich beabsichtigt», schmunzelte Tillman. «Jede neue Gruppe braucht einen Sinnzusammenhang und eine genaue Vorstellung von den Gruppenaufgaben und den verschiedenen Rollen. Ich freue mich, daß Sie diesen Klärungsprozeß miterlebt haben. Vielen Dank, daß Sie bei uns waren.»

Als Dan noch am selben Nachmittag mit dem Minuten-Manager zusammentraf, wurde er mit der Frage empfangen: «Na, wie war Ihr Besuch bei dem Projekt-Team für Leistungsbewertung?»

«Ziemlich informativ, denke ich», antwortete Dan. «Ihre Ausführungen über die Schaffung einer gemeinsamen Perspektive haben sich bestätigt. Ron nahm sich die Zeit, den Sinn und Zweck der Gruppe und seine Hoffnungen zu umreißen. Alle Teilnehmer schienen tatendurstig, aber sie hatten noch keine Richtung. Die hat ihnen Ron klar gezeigt. Wenn das das Geheimnis ist, wie man ein Hochleistungs-Team aufbaut, dann habe ich es kapiert: Der Leiter muß die Sache in die Hand nehmen.»

«Ganz so einfach ist es nicht», warnte der Minuten-Manager. «Vergessen Sie nicht, das war das erste Treffen dieses Projekt-Teams, auf dem die Mitarbeiter sich über ihren Auftrag, ihre Ziele und Verantwortlichkeiten klarwerden mußten. Alle Teams machen Entwicklungsstadien durch. Was Sie gerade beschrieben haben, ist ziemlich charakteristisch für eine Gruppe im ersten Stadium, das ich das *Orientierungs*stadium oder Stufe 1 nenne.

Hier, auf dieser Karte steht eine kurze Zusammenfassung dessen, was sich auf Stufe 1 ereignet.» Mit diesen Worten überreichte der Minuten-Manager Dan eine Karte. Dan las:

Gruppenentwicklung
Stufe 1 – Orientierung

Kennzeichen

- Mäßiger Arbeitseifer bei hohen Erwartungen
- Ängste: Wo ist mein Platz in der Gruppe? Was wird von mir erwartet?
- Abtasten der Situation und der Zentralfiguren
- Abhängigkeit von Autorität und Hierarchie
- Bedürfnis, sich in die Gruppe einzugliedern und eine bestimmte Position einzunehmen

«Beim Orientierungsstadium muß ich immer daran denken, wie sich Hunde verhalten, wenn sie sich das erste Mal begegnen», erklärte der Minuten-Manager. «Sie rennen erwartungsvoll aufeinander zu, aber bevor sie miteinander spielen, werden sie ganz vorsichtig und beriechen sich ausgiebig. Schnüffelphase nenne ich das. Wenn das Team sich weiterentwickelt, tritt es dann in ein neues Stadium ein.»

«Verstehe», lachte Dan, der noch bei den Hunden war. «Sie meinen also, daß es verschiedene Stadien gibt und daß die Situation im Team sich von Entwicklungsstufe zu Entwicklungsstufe ändert.»

«Genauso ist es. Bevor wir auf die weiteren Stadien zu sprechen kommen, hätte ich gern, daß Sie in unserem Unternehmen eine zweite Gruppe besuchen, die schon weiter ist als die von Ron Tillman. Wir haben ein Produktivitätssteigerungs-Team, das sich seit ein paar Wochen trifft und sich mit Kundenbeschwerden und Problemen bei der Rechnungsstellung beschäftigt. Ich werde mich nach dem nächsten Sitzungstermin dieser Gruppe erkundigen und anfragen, ob Sie dort einmal zuschauen können.»

«Das klingt vielversprechend», sagte Dan. «Ich rufe Sie morgen an.»

«Nein, ich werde das sofort herausfinden», sagte der Minuten-Manager, während er schon zum Hörer griff und Susan Schaefer anrief. «Susan», begann er, «ich habe hier oben einen jungen Mann, der sich über Hochleistungs-Teams informieren möchte. Ist es möglich, daß er zum nächsten Treffen Ihres Rechnungsstellungs-Teams kommt?»

Dan konnte nicht hören, daß Susan antwortete: «Reinschauen kann er natürlich, aber viel über effektive Teams erfahren kann er bei uns nicht.»

«DAS IST GENAU DER PUNKT!» rief der Minuten-Manager. «Ich möchte dem jungen Mann die verschiedenen Stadien vorführen, in denen Gruppen sich entwickeln. Und aus Ihren Worten höre ich, daß Ihr Team zur Zeit im zweiten Stadium steckt, durch das die meisten Gruppen hindurchgehen: *Frustration* oder Stufe 2.»

«Da könnten Sie recht haben», meinte Susan. «Wir treffen uns am Mittwoch um 14 Uhr. Sagen Sie dem jungen Mann, er solle eine Viertelstunde vorher in mein Büro kommen, dann gebe ich ihm die nötigen Informationen.»

Pünktlich um 13.45 Uhr stand Dan am Mittwoch vor Susans Büro. «Guten Tag», sagte er. «Der Minuten-Manager hat mich zu Ihnen geschickt. Ich würde gern Ihr Projekt-Team besuchen.»

«Ich weiß», sagte Susan. «Wir haben in ein paar Minuten unsere vierte Sitzung. Das Team umfaßt vier Mitarbeiter aus der Versandabteilung, zwei aus dem Rechnungswesen, drei aus dem Verkauf und den Bereichsleiter Computersysteme. Wir arbeiten daran, die Abläufe im Bereich Rechnungsstellung und Außenstände zu verbessern und die Zahl der Reklamationen zu verringern. Im Moment tun wir uns schwer damit, die Problembereiche zu identifizieren. Kommen Sie ruhig zu uns in die Sitzung, aber setzen Sie sich bitte abseits von den anderen und beobachten Sie die Gruppe nur.»

Dan setzte sich in eine Ecke, während die Teilnehmer nach und nach hereinkamen. Um 14.05 Uhr bat Susan um Aufmerksamkeit, aber jemand schlug vor, man solle noch warten, bis alle da seien. Im gleichen Augenblick verließ plötzlich einer der Anwesenden den Raum. Um 14.10 Uhr waren alle versammelt, und Susan eröffnete die Sitzung mit den Worten: «Heute ist unser viertes Treffen. Wir haben uns die beiden Ziele gesetzt, die Rechnungsgenauigkeit zu erhöhen und die Kundenbeschwerden abzubauen. Aber wir haben uns noch nicht über die konkreten Strategien und Aktionspläne geeinigt, mit denen wir diese Aufgaben bewältigen wollen.»

«Das stimmt nicht!» behauptete Sam, einer der Teilnehmer aus dem Verkauf. «Wir liefern der Rechnungsabteilung präzise Angaben über unsere Bestellungen, aber die schaffen es anscheinend nicht, unsere Daten richtig aufzubereiten.»

Ein Mitarbeiter aus der Rechnungsabteilung und der Leiter der Computersysteme hakten sofort ein, und ein paar Minuten lang redeten alle gleichzeitig. Die Sitzung wirkte chaotisch, und Dan verstand bald nicht mehr, worüber eigentlich geredet wurde.

Ungefähr nach fünf Minuten klopfte Susan auf die Tischplatte und sagte: «Ruhe bitte. Das bringt uns nicht weiter. Im Moment reden alle durcheinander. Ich möchte Sie bitten, daß immer nur eine Person spricht. Gehen wir jetzt der Reihe nach vor, und sagen Sie bitte jeder in einem Satz, was Ihrer Meinung nach das wichtigste Problem ist.»

Dieses Verfahren trug dazu bei, einige der umstrittenen Punkte zu klären. Die Teilnehmer wirkten aber immer noch frustriert, obwohl sich zeigte, daß allmählich Licht in einige der wichtigsten Problemzonen kam.

«Was sagen Sie zu dieser Sitzung?» fragte Susan, als sie um 15.30 Uhr zusammen mit Dan den Raum verließ.

«Ich bin etwas durcheinander», antwortete Dan. «Bei dieser Sitzung habe ich mich sehr unbehaglich gefühlt. Die ganze Gruppe wirkte frustriert, einige Teilnehmer waren sogar richtig wütend. Als Sie der Gruppe eine Aufgabe nannten, übernahmen Sie die Kontrolle und baten die Teilnehmer um Beiträge. Diese hatten aber anscheinend nichts anderes im Sinn, als Sie oder ihre Kollegen zu provozieren, oder sie zogen sich ganz aus der Gruppe zurück. Und dann haben Sie dem Team am Schluß sogar noch ein Kompliment gemacht, obwohl Sie es vorher noch gerügt hatten.»

«Ich verstehe, daß das Ganze Sie verwirrt», sagte Susan. «Lassen Sie uns später ausführlich darüber sprechen, ich habe jetzt noch einen Termin.»

Nachdem Susan sich verabschiedet hatte, überdachte Dan das Gesehene. «Diese Sitzung erinnert mich lebhaft an die Gruppen, mit denen ich im Lauf der Jahre gearbeitet habe. Sie hat mir noch einmal vor Augen geführt, warum ich Gruppen und Sitzungen nicht mag:

Manch einer hält
Sitzungen für etwas,
wo man Stunden vergeudet,
um Minuten zu sparen.

*

Some people refer to meetings
as a place, where you take minutes*
and waste hours.

* to take minutes heißt auch: Protokoll führen

‹Das entspricht genau meiner Erfahrung mit Gruppen›, dachte Dan.

Dan war immer noch ein bißchen durcheinander, als er in das Büro des Minuten-Managers kam, um über das Gesehene zu sprechen.

«Das war vielleicht eine Sitzung!» sprudelte er heraus. «Was ich am wenigsten verstehe, ist, warum dieses Stadium das zweite sein soll. Diese Gruppe wirkte viel weniger produktiv und ging viel unfreundlicher miteinander um als die, die angeblich erst auf Stufe 1 steht.»

«Stimmt ganz genau», schmunzelte der Minuten-Manager, «und war vorherzusehen. Das ist genau der Grund, warum wir von *Frustrations*phase reden. Sie setzt ein, wenn die Flitterwochen vorbei sind. Auf dieser Karte hier sehen Sie, was während dieser Phase geschieht.»

Dan überflog die Karte, die der Minuten-Manager ihm reichte.

Gruppenentwicklung
Stufe 2 – Frustration

Kennzeichen

- Wahrnehmen einer Diskrepanz zwischen Hoffnungen und Realität
- Unzufriedenheit wegen der eigenen Autoritätsabhängigkeit
- Frust: Streit um Ziele, Aufgaben und Aktionspläne
- Gefühle von Verwirrung und Inkompetenz
- Negative Reaktionen gegenüber Leitern und anderen Teilnehmern
- Konkurrenz um Machtpositionen und/oder Aufmerksamkeit
- Erleben von Polaritäten: Abhängigkeit und Gegen-Abhängigkeit

«Vielen Dank», sagte Dan. «Durch diese Liste wird mir einiges klar. Aber diese zweite Entwicklungsstufe ist trotz allem nicht besonders ergiebig, nicht wahr?»

«Moment!» sagte der Minuten-Manager. «Da ziehen Sie von falschen Voraussetzungen aus voreilige Schlüsse. Ich sagte, die Leute seien unzufrieden auf dieser Stufe, aber daß überhaupt nichts dabei herauskommt, ist damit nicht gesagt. Auf ihrem Weg zur Produktivität machen alle Gruppen diese Phase durch. Sie wird kaum einmal übersprungen.»

«Das heißt also», vergewisserte sich Dan, «daß alle Gruppen durch diese schlimme oder unproduktive Phase hindurchmüssen, um voranzukommen?»

«Sie sagen es. Aber ich würde nicht von einer schlechten Phase sprechen, so wie ein Pubertierender ja auch kein schlechter Mensch ist. Stufe 2 ist einfach eine Phase, die wir im Lauf der Entwicklung durchmachen müssen. Es kommt dabei zwar regelmäßig zu Machtkämpfen und Konflikten, aber dieses ganze Durcheinander bereitet den Boden für Kreativität und die Würdigung unterschiedlicher Meinungen.»

«Mein Eindruck war allerdings», sagte Dan, «daß die Produktivität sehr gering war und die Teilnehmer sich reichlich mies fühlten. Sie kamen nicht miteinander aus, und die Motivation der Gruppe war schwach.»

«Das kommt in den Gruppen immer wieder vor», bestätigte der Minuten-Manager. «Motivation und Einsatzbereitschaft sinken, wenn den Leuten klar wird, daß die Aufgabe der Gruppe doch schwieriger ist, als sie sich das am Anfang vorgestellt hatten. Wie Sie auf der Karte mit den Merkmalen der Stufe 2 sehen, fangen die Teilnehmer an, am Leiter oder der Leiterin oder an den Kollegen herumzumäkeln. Oft kommt es zu negativen Reaktionen, weil die Ziele unerreichbar scheinen. Manchmal fehlt den Leuten die nötige Klarheit über die Situation, oder sie halten sich für inkompetent. Diese Gefühle führen oft dazu, daß die Motivation drastisch absinkt.

Es gibt auch Gruppen, die das erste Stadium überspringen und gleich unzufrieden anfangen. Das kommt vor allem dann vor, wenn es um eine wenig erfreuliche Aufgabe geht, etwa um die Verkleinerung einer Organisation. Wenn Team-Mitglieder nicht freiwillig mitmachen oder wenn die Teilnahme an einer bestimmten Gruppe bloß als Mehrarbeit angesehen wird, dann kann ein Team gleich mit niedriger Motivation und geringer Kompetenz, also auf Stufe 2, anfangen.»

«Das ist wichtig zu wissen», warf Dan ein.

«Ganz bestimmt», antwortete der Minuten-Manager. «Und auf diesem Poster hier steht noch etwas, das Sie nie vergessen dürfen:

Keine Phase der
Gruppenentwicklung
ist schlecht.
Jede von ihnen bringt uns
voran auf dem Weg
zur Produktivität.

*

No developmental stage is bad.
Each stage ist part of the journey
toward production.

«Die Gruppen müssen die im Frustrationsstadium zum Ausdruck kommenden Probleme austragen», nahm der Minuten-Manager den Faden wieder auf. «Man muß sie ermutigen, Unzufriedenheit und Verwirrung zu äußern, so daß diese Gefühle aufgenommen und überwunden werden können.»

«Ich glaube Ihnen das, wenn Sie es sagen», gestand Dan. «Aber meine Erfahrung mit Gruppen gleicht über weite Strekken dem, was ich eben beobachtet habe. Von daher bin ich doch recht pessimistisch, ob es überhaupt klappt, einige Ihrer Konzepte in Gruppen und Teams real anzuwenden.»

DER MINUTEN-MANAGER ANTWORTETE mit einem Vorschlag. «Bevor wir weitersprechen, möchte ich Sie bitten, sich noch eine weitere Gruppe anzusehen. Sie gibt Ihnen vielleicht eine Vorstellung davon, was bei der Gruppenentwicklung als nächstes herauskommen kann.»

Die regelmäßigen Treffen der Versandabteilung fanden immer Montag morgens um 8.45 Uhr statt. Am nächsten Montag wachte Dan aus Neugier auf die Gruppe, die er heute besuchen wollte, früh auf. Nach einem hastigen Frühstück stieg er ins Auto. Da passierte es: Der Wagen wollte nicht anspringen. Trotz aller seiner Bemühungen streikte der Motor. Die Zeit verging. Schließlich rief er in heller Verzweiflung ein Taxi. Als er in die Firma des Minuten-Managers kam, war die Sitzung der Versandabteilung bereits seit zehn Minuten im Gang. Leise schlüpfte Dan durch die Tür und setzte sich hinten hin.

Sein Hereinkommen war jedoch nicht unbemerkt geblieben. Alle 15 Gruppenmitglieder unterbrachen ihre Tätigkeit, stellten sich nacheinander einzeln vor und hießen Dan willkommen. Sie baten ihn, sich mit an den runden Tisch zu setzen, was er ablehnte. Dann gingen sie wieder an ihre Arbeit.

Bei der Beobachtung der Gruppe fiel Dan auf, wie enthusiastisch sie bei der Sache war. Die Teilnehmer suchten nach einem Weg, einen bestimmten Arbeitsgang 15 Prozent schneller abzuwickeln. Immer wieder wiesen sie auf Tabellen und Grafiken an der Wand. Dan war fasziniert, wie sie die Annäherung an ihr Ziel einer fünfzehnprozentigen Zeitverringerung optisch veranschaulichten, und vereinbarte mit dem Leiter der Versandabteilung, sich diesen Prozeß einmal genauer anzusehen. Bei alldem ging ihm den ganzen Morgen die Frage im Kopf herum: Wer leitete eigentlich diese Gruppe?

Er blickte überhaupt nicht durch. Die Gruppe arbeitete zügig; Informationen wurden ausgetauscht, Ideen zur Diskussion gestellt. Die Teilnehmer waren unterschiedlicher Meinung, stritten gelegentlich, schienen ihre Differenzen aber immer wieder bereinigen zu können. Scherze und Neckereien waren an der Tagesordnung. Einmal teilte sich die Gruppe in drei Untergruppen auf, um nach einer Lösung für eine Verfahrensfrage zu suchen. Anschließend machten sie im Plenum weiter und kamen zu einem Konsens. Die Atmosphäre war energiegeladen und produktiv. Aber wer hatte hier eigentlich die Führung? Es schien keinen Leiter zu geben. Die Gruppe verstand sich offenbar als eine Einheit, wobei an verschiedenen Zeitpunkten wechselnde Teilnehmer die Leitung übernahmen. Dan war perplex.

Um Viertel nach zehn kam ein großer, seriös aussehender Herr in den Raum.

«Tut mir leid, daß ich zu spät komme. Ich hatte noch einen anderen Termin», sagte er.

Die Teilnehmer reagierten mit «Hallo» und arbeiteten weiter. Der hochgewachsene Mann kam nach hinten zu Dan.

«Guten Tag, ich bin Neil Henry. Wie geht es Ihnen?»

«Sehr gut», antwortete Dan.

«Ich werde später mit Ihnen sprechen. Erst muß ich mich erkundigen, was bisher in der Sitzung gelaufen ist», sagte Neil. Dan war neugierig, wer dieser zweite Zuspätgekommene war und wie die Gruppe mit ihm umgehen würde. Zu seiner Überraschung ging die Aktivität im gleichen Tempo weiter. Neil steuerte Ideen bei, verstärkte gelegentlich eine Position und lobte oder widersprach. Seine Beiträge unterschieden sich nicht von denen der anderen Gruppenmitglieder und wurden in gleicher Weise aufgenommen.

Um 10.45 Uhr war die Sitzung beendet. Während die Teilnehmer zur Tür gingen, sagten sie Dan, sie seien froh, daß er zu ihnen in die Gruppe gekommen sei. Dan war beeindruckt von dem, was er gesehen hatte. Er hatte noch nie an einer Sitzung teilgenommen, in der ein so großes Pensum so entspannt und mit einer so positiven Einstellung erledigt worden war. Fast schien es, als habe die Gruppe wie eine einzige Person und nicht wie eine Reihe von Individuen gehandelt. Dan drängte sich unwillkürlich der Vergleich mit einer gutgeölten Maschine auf, deren Teile in vollendeter Harmonie zusammenarbeiteten, um das gewünschte Ergebnis zu erzielen.

Dan wurde in seinen Gedankengängen unterbrochen, weil Neil auf ihn zukam.

«Ich hoffe, Sie konnten Ihre Wißbegierde befriedigen», sagte Neil. «Das ist schon eine tolle Gruppe. Wir arbeiten jetzt seit zwei Jahren zusammen, und inzwischen kommen sie hier wirklich ohne mich zurecht.»

Dan machte große Augen. «Sind *Sie* der Leiter des Versands?»

«Ja, natürlich», lächelte Neil.

«Das habe ich mich die ganze Zeit gefragt», sagte Dan. Er stotterte ein bißchen.

«Ach so», schmunzelte Neil. «Unsere Gruppe ist sicher anders, als Sie es gewohnt sind. Sie war auch nicht immer so. Wir haben auch unsere Stürme gehabt. Mein Ziel war, mich entsprechend der Gruppenentwicklung allmählich überflüssig zu machen, und ich glaube, wir sind jetzt langsam soweit, oder nicht?»

«Absolut», bekräftigte Dan. «Jetzt verstehe ich, wie das mit den Gruppen läuft. Sie verändern Ihren Führungsstil je nach dem Entwicklungsstadium der Gruppe. Das Ziel ist, die Gruppe soweit zu bringen, daß sie nicht nur ihre Aufgabe gut erledigt, sondern auch effektiv als Team funktioniert.»

«Ganz genau!» erwiderte Neil. «Wenn Sie so weit gekommen sind, haben Sie eine Gruppe im *Produktions*stadium.»

Nach dem Gespräch mit Neil eilte Dan voller Schwung zum

Büro des Minuten-Managers. «Ist er da?» fragte er im Vorzimmer.

«Ja, aber er hat gerade Besuch. Es wird aber nicht mehr lange dauern», antwortete Dana, die Assistentin des Minuten-Managers, mit einem Lächeln.

Während des Wartens dachte Dan über seine Erfahrungen der letzten Tage nach und machte sich rasch ein paar Notizen:

1. Die Teilnehmer der Leistungsbewertungs-Gruppe waren begeistert, aber noch unsicher über ihre eigene Position in der Gruppe. Sie befanden sich im 1. Stadium: Orientierung. Sie hatten wenig Ahnung von ihrer Aufgabe. Ron Tillman wandte einen sehr dirigierenden Führungsstil an, um den Auftrag der Gruppe zu erläutern und um Rollen, Ziele und Aufgaben zu definieren. Es gab in der Sitzung kaum wechselseitige Interaktionen, außer als Tillman die Teilnehmer am Ende fragte, wie sie sich fühlten und wie sie die Zeitvorgaben und die nächsten Schritte sähen.

2. In Susan Schaefers Rechnungsstellungs-Gruppe waren die Leute desorientiert und schlecht gelaunt. Sie waren auf Stufe 2: Frustration. Sie machten Fortschritte, aber ausgesprochen langsam. Sue als Leiterin der Gruppe trat sehr bestimmend auf, aber sie ermutigte die Teilnehmer zugleich, ihre Gedanken und Meinungen zu äußern.

3. Die Versandabteilung arbeitete so reibungslos und mit solcher Effizienz, daß die Abwesenheit von Neil, dem Leiter, offenbar kaum ins Gewicht fiel. Er sagte, sie seien im Produktionsstadium. Die Gruppe war voller Begeisterung und hochproduktiv. Neils Beiträge unterschieden sich nicht von denen der übrigen Teilnehmer. Aber wie war diese Gruppe dahin gekommen?

Diese Frage ließ Dan nicht los. Er spürte instinktiv, daß irgendwo ein Mosaikstein fehlte. Eine Gruppe konnte doch nicht von allein aus einem Haufen verbiesterter Individuen zu einer glatt und synergetisch arbeitenden, produktiven Einheit werden.

Dan suchte noch nach einer Lösung, da erschien der Minuten-Manager. «Hallo, Dan, wie sieht's aus?»

Dans Hochstimmung hatte inzwischen einem Stirnrunzeln Platz gemacht.

«Sie scheinen ratlos», sagte der Minuten-Manager.

«Das bin ich auch», gab Dan zu. «Sehen Sie, ich habe miterlebt, wie eine Gruppe das erste Mal zusammenkam. Ron, der Gruppenleiter, achtete darauf, den Teilnehmern die grundlegenden Informationen zu geben und ihnen zu zeigen, wo es langgehen sollte. Die nächste Gruppe, die ich beobachtete, arbeitete langsam. Sie bewältigte ihre Aufgabe, schien aber sehr gespalten. Das war etwa so wie die Gruppensitzungen, die ich gewohnt bin. Susan, die Leiterin, schien das aber nicht zu stören. Sie führte straff, teils durch Aufgaben, teils durch Anregungen zur Zusammenarbeit, und sie hörte geduldig zu.

Dann besuchte ich Neils Gruppe. Sie ist im Produktionsstadium. Da klappte alles wie am Schnürchen. Die Leute hatten Spaß miteinander und Spaß an der Arbeit, und die Gruppe managte sich selbst.

Und jetzt meine Frage: Wie hat Neils Gruppe das geschafft? Habe ich etwas übersehen?»

Der Minuten-Manager lächelte. «Das haben Sie. Sie haben ein wichtiges Stadium der Gruppenentwicklung übersprungen, als Sie von der Frustrations- direkt zur Produktionsphase gegangen sind. Aber bevor ich Ihnen das noch fehlende Stadium erkläre, möchte ich Ihnen eine Zusammenfassung der Stufe 4: Produktion vorlegen.»

Gruppenentwicklung
Stufe 4 – Produktion

Kennzeichen

- Freude darüber, im Team mitarbeiten zu können
- Kooperatives und eng ineinander verzahntes Arbeiten von Plenum und Untergruppen
- «Gemeinsam-sind-wir-stark»-Erlebnis
- Selbstbewußtes Herangehen an die Aufgaben
- Abwechselndes Führen
- Stolz auf erfolgreich gelöste Aufgaben
- Hohes Leistungsniveau

«HAARGENAU WIE IN NEILS GRUPPE», kommentierte Dan die Zusammenfassung des 4. Gruppen-Entwicklungsstadiums. «Aber jetzt erzählen Sie mir bitte etwas über die Stufe, die ich noch nicht gesehen habe.»

«Diese Stufe heißt *Beschluß*. Sie bildet die Brücke zwischen der Frustration, die Sie in Susans Gruppe miterlebt haben, und der guten Stimmung und Effizienz in Neils Team.»

«Was passiert auf dieser Stufe?» fragte Dan.

«Der beste Weg, das Beschlußstadium zu verstehen, ist ...»

«... es zu erleben!» fiel Dan ein.

«Richtig!» bestätigte der Minuten-Manager. «Aber lassen Sie mich einen Augenblick überlegen. Dieses Stadium ist meist ziemlich kurz ...»

Plötzlich fing die Sprechanlage auf dem Schreibtisch des Minuten-Managers an zu quäken. «Louise Gilmore ist am Telefon. Soll sie später anrufen?»

«Moment», sagte der Minuten-Manager, «ich gehe dran.» Und zu Dan gewandt, sagte er lächelnd: «Entschuldigen Sie die Unterbrechung, Dan, aber hier kommt vielleicht genau das, was wir suchen.» Der Minuten-Manager griff zum Hörer. «Hallo, Louise, können Sie für mich was tun?»

Nachdem er lange schweigend zugehört hatte, strahlte der Minuten-Manager auf einmal übers ganze Gesicht. «Das ist wunderbar, Louise! Ich habe Ihnen ja gesagt, vertrauen Sie auf den Prozeß. Es funktioniert. Übrigens, was halten Sie davon, wenn morgen vormittag ein Besucher in Ihre Sitzung kommt? Ein Freund von mir interessiert sich für den Gruppenentwicklungs-Prozeß, und ihre Sitzung könnte ihm den noch fehlenden Anschauungsunterricht geben. Herzlichen Dank! Ja, er wird da sein.»

Nachdem der Minuten-Manager aufgelegt hatte, sagte er zu Dan: «Alles klar! Morgen nehmen Sie an einer Sitzung der Strategischen Planung teil, die Louise leitet – das heißt, wenn Sie Lust haben.»

«Natürlich», sagte Dan eifrig.

Am nächsten Morgen kam Dan früh zur Firma des Minuten-Managers. Während der Fahrt im Taxi hatte er daran gedacht, was für ein Glück er gehabt hatte, einem so außergewöhnlichen Menschen zu begegnen, dem es anscheinend wirklich Freude machte, sein Wissen mit anderen zu teilen. Information ist Macht – und der Minuten-Manager gab sie mit vollen Händen.

Louise Gilmore, die Vizepräsidentin der Strategischen Planung, saß ganz ruhig an ihrem Schreibtisch, als Dan in ihr Büro kam. Doch als er auf sie zuging, wurde sie sofort lebendig, lächelte ihm voller Wärme zu und begrüßte ihn mit einem festen Händedruck. Dan war beeindruckt von ihrer Vitalität und Freundlichkeit.

Zusammen mit Louise betrat er das Sitzungszimmer, in dem die sechs Mitglieder der Gruppe bereits freundschaftlich miteinander schwatzten.

Louise stellte Dan vor, während er sich nach einem Platz umsah. Die Team-Mitglieder begrüßten ihn liebenswürdig, aber ein wenig zurückhaltend. Dan konnte das Gefühl nicht unterdrükken, daß seine Gegenwart sie ein bißchen hemmte.

Zu Anfang der Sitzung gab Louise einen Überblick über die Auseinandersetzungen, die die Gruppe bei der Festlegung der Linie und der Zielsetzungen für das kommende Jahr ausgetragen hatte. Dann nannte sie noch einmal die Beschlüsse, auf die man sich schließlich geeinigt hatte. Das Ganze ging unter Späßen, Gelächter und freundschaftlichen Frotzeleien vor sich. Die Gruppenmitglieder waren ganz offensichtlich gern zusammen, trotz oder vielleicht gerade wegen der Auseinandersetzungen, die Louise erwähnte. Louise lachte mit der Gruppe.

Die heutige Agenda begann mit neuen Entscheidungen. Die

Gruppe war sofort bei der Sache. Die Teilnehmer hörten zu, führten die Gedanken anderer weiter und hatten keine Scheu, einander zuzustimmen. Dan beobachtete fasziniert, wie reibungslos die Sitzung verlief. Nachdem sie die Sitzung eröffnet hatte, überließ Louise die Leitung je nach dem Diskussionspunkt anderen Teilnehmern.

Es herrschte eine Atmosphäre höflichen Respekts. Dan war jedoch nicht entgangen, daß einige Teilnehmer mit der Zeit immer stiller geworden waren. Gerade als er dachte, jetzt komme man zur Entscheidung, sprach Louise zu seiner großen Überraschung dieses Verstummen an.

«Bill, Sie haben in den letzten zehn Minuten überhaupt nichts mehr gesagt. Haben Sie Vorbehalte?»

«Ja, aber nichts Weltbewegendes», antwortete Bill.

«Bitte sagen Sie uns, was Sie denken», bat Louise. «Erinnern Sie sich: Zu unseren besten, kreativsten Entscheidungen kamen wir immer nach Auseinandersetzungen.»

«Okay», sagte Bill. Dann legte er Punkt für Punkt seine Einwände dar. Zuerst gab es Widerspruch, doch dann entwickelte sich in der Gruppe eine hitzige Diskussion über das Pro und Contra der neuen Argumente, die Bill eingebracht hatte.

«Oh, oh», dachte Dan. «Jetzt hat Louise verloren. Dabei hatte die Gruppe doch bisher so gut gearbeitet.»

Louise hörte zu, vermittelte bei gegensätzlichen Meinungen, erläuterte die Vorteile der einzelnen Positionen und umriß ihren eigenen Standpunkt. Andere taten das gleiche.

Ein bißchen zögernd ergriff Bill wieder das Wort. «Wenn sich die erwarteten Ertragszuwächse durch die neuen Produkte als zuverlässig erweisen und die Kürzungen in den anderen Geschäftsbereichen greifen, dann können wir es uns auf der Basis der bisher beschlossenen Planung erlauben, die nötige Kapitalaufstockung vorzunehmen.»

Während er sprach, hörte die Gruppe gespannt zu. Einige fingen an, mit dem Kopf zu nicken. Bill fragte, ob es in dieser Frage Einigkeit gebe. Alle Gruppenmitglieder bejahten begeistert. Kurz darauf wurde die Sitzung geschlossen. Die Gruppe strahlte Zuversicht und Befriedigung über das Erreichte aus.

Die Teilnehmer schlenderten zur Tür, wobei jeder anhielt, um Dan die Hand zu schütteln. Die Gruppenmitglieder wirkten selbstbewußt und zuversichtlich. Dan hörte Kommentare wie: «Gute Sitzung!», «Schön, daß Sie da waren!» und «Das wäre geschafft.»

Nachdem sich der Raum geleert hatte, kam Louise auf Dan zu. «Wie fanden Sie's, Dan?»

«Irre», antwortete Dan. «Eine Zeitlang dachte ich, jetzt geht die Sitzung den Bach runter. Aber die Teilnehmer wirkten gelöster und sicherer, nachdem sie sich erlaubt hatten, verschiedener Meinung zu sein. Außerdem ist mir aufgefallen, daß Sie zwar die Sitzung eröffneten, dann aber den Teilnehmern die Führung überließen und ihnen nur halfen, wenn es nicht anders ging.»

«Genauso war's», lächelte Louise. «Man fühlt sich gut, wenn man zusammen ein paar Kämpfe durchgestanden hat. Es ist wie in einer jungen Ehe, wo keiner der Partner zu widersprechen wagt, selbst wenn er anderer Meinung ist. Wenn die beiden es aber wagen, Differenzen auszutragen, wird ihre Ehe stärker. Gefährlich wird es für die Gruppe, wenn das euphorische Gemeinschaftsgefühl nach bestandener Auseinandersetzung verhindert, daß neue Meinungsverschiedenheiten riskiert werden, die die Produktivität senken könnten. Das kann im Endeffekt bis zu *Groupthink* führen.»

«*Groupthink*, was ist das?» unterbrach Dan.

«Ein bekannter Psychologe hat diesen Ausdruck geprägt», erklärte Louise, «während er Gruppen untersuchte, die die Präsidenten der Vereinigten Staaten berieten. Irving Janis entdeckte, daß der soziale Anpassungsdruck innerhalb der Gruppe die einzelnen oft davon abhielt, eine abweichende Meinung zu äußern.»

«Aha. *Groupthink* führt also dazu, daß Gruppenmitglieder aus Angst, eine ‹falsche› Meinung zu haben, lieber gar nichts sagen», überlegte Dan. «Keiner will die Harmonie aufs Spiel setzen.»

«Genau. Ich habe deshalb in dieser Phase die Verpflichtung, die Gruppe zur Meinungsvielfalt zu ermuntern und ihr zu helfen, Konflikte auszutragen. Ich arbeite daran, das Selbstvertrauen der Gruppe so weit zu entwickeln, daß sie Auseinandersetzungen meistern und Meinungsunterschiede schätzenlernt. Das sind die beiden wichtigsten Schritte in der *Beschluß*phase, also der Stufe, auf der die Gruppe jetzt ist.» Dan nickte zustimmend.

«Außerdem fängt die Gruppe jetzt an, sich selbst zu führen», fuhr Louise fort. «Würde ich die Sitzungen immer selbst leiten, käme sie nie soweit. Meine Rolle in diesem Stadium besteht darin, die Bemühungen der Gruppe um Selbstmanagement zu unterstützen und ihnen zu zeigen, wie man effektiv in einer Gruppe mitarbeitet.»

«Aber wenn die Gruppe wirklich ins Schleudern kommt, was dann?»

«Nur keine Angst! Dann greife ich ein», versicherte Louise mit einem Lächeln.

«Das glaube ich Ihnen», sagte Dan. «Herzlichen Dank auch. Sie haben mir sehr geholfen.»

«Keine Ursache», sagte Louise, während sie Dan eine Karte übergab. «Jemand – Sie wissen schon – hat mich gebeten, Ihnen das zu geben: Eine Zusammenfassung von Stufe 3: Beschluß.»

Gruppenentwicklung
Stufe 3 – Beschluß

Kennzeichen

- Abnehmen der Unzufriedenheit
- Überbrückung der Kluft zwischen Erwartungen und Realität
- Überwindung von Polarisierungen und Schuldzuweisungen
- Entwicklung von Übereinstimmung, Vertrauen, Hilfsbereitschaft und Respekt
- Entwicklung von Selbstvertrauen und Zuversicht
- Offenerer Umgang miteinander und vermehrtes Feedback
- Teilen von Verantwortung und Kontrolle
- Gebrauch einer Team-Sprache

Als Dan wieder in das Büro des Minuten-Managers kam, bat ihn dieser um einen kurzen Erfahrungsbericht. «Sie haben nun verschiedene unserer Arbeitsteams besucht», sagte der Minuten-Manager. «Mit welchem Bild kommen Sie zurück?»

«Wenn ich in ein Team komme, treffe ich es in einem von vier verschiedenen Gruppenentwicklungsstadien an. Die meisten Gruppen durchlaufen zuerst das *Orientierungs*stadium, wo die *Produktivität niedrig* ist, weil die Teilnehmer noch keine Klarheit über Ziele und Aufgaben haben. Sie verfügen noch nicht über die nötigen Kenntnisse und Fertigkeiten, um als Team zu funktionieren. Ihre *Motivation* dagegen ist *hoch*, weil sie es toll finden, an der Gruppe teilzunehmen, und weil sie hohe Erwartungen haben.

Der andere Pol ist die *Produktion*, die Schaffensphase. Jetzt ist das Team in voller Fahrt. Die *Produktivität* ist hoch, denn die Leute haben die Kenntnisse, Fertigkeiten und die *Motivation* eines *Hoch*leistungs-Teams.

Zwischen diesen beiden Extremen liegen die beiden Stadien *Frustration* – die Meckerphase, wenn die Flitterwochen um sind und die Gruppe erkennt, daß ihre hohen Anfangserwartungen nicht so leicht zu realisieren sind – und *Beschluß*. Die Gruppe lernt zusammenzuarbeiten, indem sie Meinungsverschiedenheiten austrägt und so allmählich Selbstvertrauen und einen Zusammenhalt aufbaut.»

«Ein gutes Resümee», sagte der Minuten-Manager. «Alle Achtung! Haben Sie sonst noch etwas gelernt?»

«Mir fiel auf, daß die Produktivität durch alle vier Stadien hindurch kontinuierlich angestiegen ist», sagte Dan. «Sie fing in der Orientierungsstufe niedrig an und steigerte sich allmählich, bis sie in der Produktionsphase hoch lag. Andererseits setzte Motivation oder Begeisterung in der Orientierungsphase gleich hoch ein, fiel in der Frustrationsphase drastisch ab, erhöhte sich aber in der Beschluß- und in der Produktionsphase wieder.»

«Schön, daß Sie das bemerkt haben», lobte der Minuten-Manager. «Ein Forscher, der sich mit Gruppenentwicklungsprozessen beschäftigt, hat grafisch dargestellt, wie sich Motivation und Produktion von Stufe zu Stufe ändern. Das sieht etwa so aus», sagte der Minuten-Manager, griff zum Stift und fing an, Kurven auf das Flip-chart zu zeichnen.

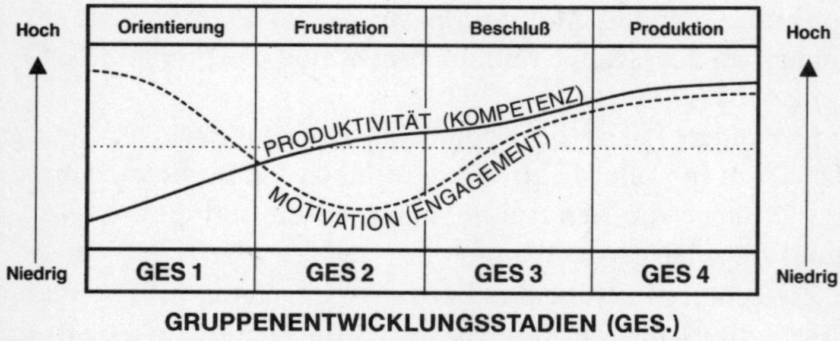

Nach R. B. Lacoursiere, The Life Cycle of Groups: Group Developmental Stage Theory. Human Service Press, New York 1980

«Die Abkürzung GES steht für ‹Gruppenentwicklungsstadium›», erklärte der Minuten-Manager, nachdem er die Grafik fertig hatte. «Beachten Sie, wie unterschiedlich die Kurven für Produktivität und Motivation verlaufen.»

«Stimmt. Die Grafik macht das sehr klar», antwortete Dan.

«Ein Bild ist oft mehr wert als tausend Worte.» Und dann lenkte der Minuten-Manager wieder zurück auf die Erfahrungen, die Dan in den verschiedenen Gruppen gemacht hatte: «Haben Sie sonst noch irgendwelche Einsichten gewonnen?»

«Ich glaube, ja», sagte Dan. «Mir scheint, daß jede Phase der

Gruppenentwicklung einen anderen Führungsstil erfordert. Zu diesem Punkt hätte ich gern noch mehr Informationen. Woher weiß eigentlich ein Gruppenleiter, wie er in den verschiedenen Stadien am besten mit der Gruppe arbeitet?»

«WIE ICH SEHE, können Sie jetzt den Entwicklungsstand einer Gruppe diagnostizieren und sind bereit, sich mit Anpassungsfähigkeit zu beschäftigen», antwortete der Minuten-Manager. «Dabei geht es darum, wann welcher Führungsstil angebracht ist. Sie müssen, mit anderen Worten, ein *Situationsbezogener Leiter* werden.»

«Ein was?»

«Ein Situationsbezogener Leiter», wiederholte der Minuten-Manager lächelnd. «Lange Zeit dachte man, man könne ein Arbeitsteam nur auf zwei Arten führen: autokratisch oder demokratisch. Bei der autokratischen Führung sagte der Leiter seinen Leuten, was sie wie, wo und wann zu tun hätten. Das Wichtigste dabei war die Leistung der Gruppe als Ganzes. Bei der demokratischen Führung lag der Schwerpunkt darauf, daß der Leiter seinen Mitarbeitern zuhörte, ihre Bemühungen lobte und ihnen die Zusammenarbeit untereinander erleichterte. Teamgeist hielt man für das beste Mittel, um die Leistung der Gruppe zu maximieren.» Der Minuten-Manager hielt einen Augenblick inne, bevor er hinzufügte: «Es gab bei diesen beiden extrem unterschiedlichen Führungsstilen zwei Probleme.»

«Eines war sicher dieses strikte Entweder-Oder, mit dem man die Dinge betrachtete», sagte Dan wie aus der Pistole geschossen. «Das führt immer zu dieser starren Einstellung ‹Ich habe recht, und du hast unrecht›.»

«Genau», bestätigte der Minuten-Manager. «Und entsprechend gab es bei der Führung von Gruppen immer wieder große Pendelausschläge. War man zu autokratisch, kamen die Mitarbeiter nach einer Weile und klagten: ‹Sie sind zu streng. Sie würgen unsere Kreativität ab› oder ‹Sie sind zu bestimmend›. Dann wechselte der Leiter gewöhnlich schuldbewußt ins andere Extrem und praktizierte einen demokratischeren und parti zipativeren Führungsstil, indem er alle an der Entscheidungsfindung beteiligte.»

«Aber auch da konnte man übertreiben, oder nicht?» fragte Dan.

«Ganz klar. Beim demokratischen Führungsstil häuften sich bald die Beschwerden, daß die Mitarbeiter es sich wohl sein ließen und nichts geschafft wurde. Man unterhielt sich gut, aber die Sitzungen dauerten zu lang.»

«Und dann war ziemlich bald wieder ein drastischer Umschwung ins andere Extrem fällig», lachte Dan. «Immer hü und hott. Ich habe das oft genug erlebt.»

«Dann verstehen Sie auch», fuhr der Minuten-Manager fort, «warum mir das Situationsbezogene Führungsmodell so zusagt: Es macht Schluß mit dieser Schaukelpolitik, während es zugleich berücksichtigt, daß Führung immer zwei Verhaltensweisen einschließt, eben dirigierendes oder autokratisches Verhalten und sekundierendes oder demokratisches Verhalten.» Damit begann der Minuten-Manager, ein großes Quadrat auf ein Stück Papier zu zeichnen, das er in vier gleich große Felder unterteilte. Als er die Felder alle beschriftet hatte, reichte er Dan das Blatt:

Die vier Führungsstile des Situationsbezogenen Führungsmodells II

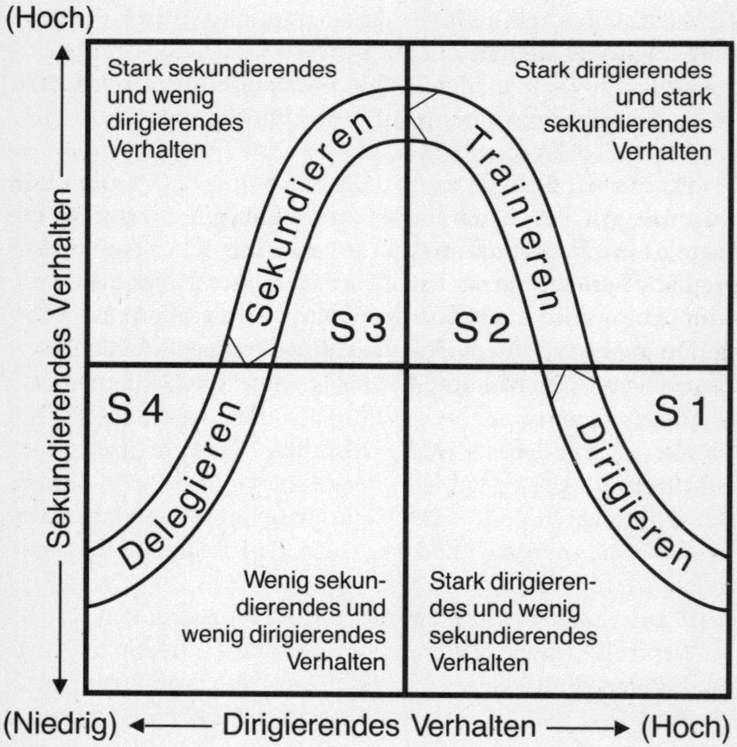

ALS DAN VON DER GRAFIK AUFBLICKTE, fuhr der Minuten-Manager fort: «Ich habe nach dem College zunächst als Lehrer gearbeitet. Zu jener Zeit gab es zwei verschiedene didaktische Ansätze, je nach dem Bild, das man von den Kindern hatte. Der eine Ansatz ging davon aus, daß die Kinder ganz ohne Wissen und Erfahrungen in die Klasse kommen. Wenn das so ist, was ist dann die Aufgabe des Lehrers?»

«Diese leeren Gefäße mit Wissen zu füllen», lächelte Dan.

«Genau», bestätigte der Minuten-Manager. «Dirigieren ist in meinen Augen ein solcher ‹füllender› Führungsstil. Es ist genau das, was eine Gruppe braucht, die sich im Orientierungsstadium befindet. Die Mitarbeiter sind sich über ihre Rollen und Aufgaben noch nicht im klaren, und sie haben ein starkes Bedürfnis nach Informationen und Fertigkeiten. Viel sekundierendes Führungsverhalten ist in dieser Phase nicht nötig, weil die Gruppenmitglieder ja schon begeistert und engagiert sind.»

«Dirigieren ist also der Führungsstil, den Ron Tillman in seinem neugebildeten Projekt-Team anwandte. Das schien mir angemessen.»

«Das war es auch», sagte der Minuten-Manager. «Hätte Ron auf partizipative und sekundierende Art geführt, wäre das ein Fehlgriff gewesen, denn sein Projekt-Team brauchte beim ersten Treffen Informationen und Direktiven. Das Team war ein *leeres* Gefäß.»

«Wann muß der Leiter sekundieren?» erkundigte sich Dan.

«Wenn die Gruppe bereits Erfahrungen im Teamwork und den dazu nötigen Fertigkeiten hat, aber – aus welchem Grund auch immer – festsitzt», erklärte der Minuten-Manager. «Um zu unserem Lehrerbeispiel zurückzukehren: Der zweite Unterrichtsansatz besagte, daß die Kinder bereits mit einem Sack *voll* Wissen und Erfahrungen in die Schule kommen, daß aber darin alles noch wie Kraut und Rüben durcheinander liegt. Hier hat der

Lehrer also die Aufgabe, den Kindern ihr Wissen und ihre Erfahrungen zu entlocken und ihnen zu helfen, alles in Ordnung zu bringen. Sekundieren ist der dazu nötige ‹herauslockende› Führungsstil. Der Leiter hört zu, unterstützt und erleichtert die Zusammenarbeit innerhalb der Gruppe.»

«Das ist das, was Louise Gilmore im Strategischen Planungsausschuß gemacht hat», sagte Dan. «Sie holte praktisch alles aus der Gruppe.»

«Bei denen war das genau das Richtige», kommentierte der Minuten-Manager. «Sie sind aus dem Frustrationsstadium heraus und haben gelernt, zusammenzuarbeiten. Sie brauchen nicht mehr viele Direktiven, weil sie die Fertigkeiten schon entwickelt haben, die nötig sind, um als Team zu funktionieren.»

«Wie passen die Führungsstile Trainieren und Delegieren ins Bild?»

«Trainieren ist eine Mischung aus viel dirigierendem und viel sekundierendem Verhalten, beim Delegieren wird dagegen wenig dirigiert und sekundiert», antwortete der Minuten-Manager.

«Trainieren ist dann ja zugleich eine ‹füllende› und ‹herauslockende› Aktivität?» fragte Dan.

«Stimmt genau. Es umfaßt Dirigieren und Sekundieren, Anweisungen geben und Zuhören.»

«Susan Schaefer führte die Produktivitätssteigerungs-Gruppe in diesem Stil», überlegte Dan. «Da die Teilnehmer unzufrieden waren, war die Motivation abgesunken. Die Mitarbeiter wollten ihre Meinung äußern, und sie brauchten Unterstützung von Susan.»

Der Minuten-Manager ergänzte: «Aber da sie immer noch dabei waren, ihre Fertigkeiten als Gruppe zu entwickeln, brauchten sie auch Direktiven. Jemand mußte ihnen die Richtung weisen.»

«Ja, ich verstehe», sagte Dan. In Gedanken ließ er dann noch einmal die dritte Gruppe, die er besucht hatte, an sich vorüberziehen. «Bei einem delegierenden Stil, wie Neil ihn in der Versandabteilung einsetzte, braucht man weder zu ‹füllen› noch ‹herauszulocken›, weil die Gruppe nicht nur über Kenntnisse und Erfahrungen verfügt, sondern sie auch schon organisiert hat.»

«Das sehen Sie richtig», lobte der Minuten-Manager. «Und jetzt verstehen Sie auch, warum Anpassungsfähigkeit so wichtig ist.»

Dan lehnte sich in seinem Sessel zurück, dachte einen Augenblick nach und sagte: «Ich glaube...

Effektive Teamleiter
variieren ihren Führungsstil,
um der Gruppe zu geben,
was sie sich selbst
nicht geben kann.

*

Effective team leaders adjust
their style
to provide what the group
can't provide
for itself.

«GUT FORMULIERT!» sagte der Minuten-Manager anerkennend. «Und jetzt kommen wir zu den sachlichen und gruppendynamischen Funktionen, um die sich irgend jemand kümmern muß, wenn eine Gruppe effektiv arbeiten soll. Die Frage ist nur, ob das unbedingt der formelle Gruppenleiter oder die -leiterin sein muß.»

«Sachliche Funktionen?» wunderte sich Dan.

«*Sachliche Funktionen* sind die Tätigkeiten, die dafür sorgen, daß die konkrete Arbeit erledigt wird», stellte der Minuten-Manager klar. «Dabei geht es um die Dinge, die die Gruppe tun soll. Zu den sachlichen Funktionen gehört es, die Tagesordnung aufzustellen, Ziele zu setzen, Direktiven zu geben, die Diskussion in Gang zu bringen, Zeitlimits zu setzen, Informationen zu beschaffen und weiterzugeben und das Geleistete zusammenzufassen.»

«Die sachlichen Funktionen erfordern also dirigierendes Verhalten», schloß Dan. «Was sind die gruppendynamischen Funktionen?»

«*Gruppendynamische Funktionen* stellen sicher, daß die Gruppe Harmonie und Zusammenhalt entwickelt und aufrechterhält. Hier geht es darum, wie die Gruppe funktioniert. Jemand muß die geleistete Arbeit anerkennen, zuhören, zum Mitmachen ermuntern, Konfliktmanagement ausüben und Beziehungen aufbauen.»

«Also alles sekundierende Verhaltensweisen?»

«Sicher», antwortete der Minuten-Manager. «Wichtig ist – und das Situationsbezogene Führungsmodell kann Ihnen helfen, das zu lernen –, daß eine Gruppe nur dann effektiv arbeiten kann, wenn diese Funktionen erfüllt werden. Sie brauchen aber nicht unbedingt durch den Manager oder formellen Teamleiter wahrgenommen zu werden. In der Tat ist es am besten, wenn sich der Manager in dem Maße, wie die Gruppenmitglieder diese Funktionen übernehmen können, aus ihnen zurückzieht.»

«Auf diese Weise ergeben sich also gleitende Übergänge im Führungsstil und in den verschiedenen Funktionen, während die Gruppe voranschreitet», bemerkte Dan.

«Genauso ist es», sagte der Minuten-Manager. Und dann gab er Dan einen Überblick über die Verteilung der Funktionen in den verschiedenen Gruppenentwicklungsphasen.

«In der *Orientierungsphase* bringen die Teilnehmer Begeisterung und Engagement, aber nur wenig Kenntnisse mit – sie brauchen also Direktiven (Dirigieren – S 1). In der *Frustrationsphase* sind Kompetenz und Engagement niedrig. Es hapert an der Lösung der sachlichen Aufgaben und an der Zusammenarbeit: Die Teilnehmer brauchen also Direktiven und Unterstützung (Trainieren – S 2). In der *Beschlußphase* haben die Teilnehmer die nötigen Fertigkeiten, um Gutes zu leisten, aber es fehlt ihnen noch an Zuversicht beziehungsweise Motivation.

Hier muß der Leiter unterstützen und ermutigen (Sekundieren – S 3). Wenn die Gruppe schließlich in die *Produktionsphase* kommt, haben die Teilnehmer einen hohen Kenntnisstand und eine hohe Motivation. Der Leiter kann sich nun abseits halten oder sich – bei minimalen Eingriffen – an der Arbeit der Gruppe beteiligen (Delegieren – S 4).»

«Mal sehen, ob ich das rekapitulieren kann», sagte Dan. «In der Orientierungsphase muß sich der Leiter vor allem um die sachlichen Funktionen kümmern. In der Frustrationsphase ist die Gruppe mit den sachlichen und den gruppendynamischen Funktionen überfordert, folglich fallen beide dem Leiter zu. In der Beschlußphase wird die Gruppe mit den sachlichen Belangen fertig, braucht aber noch Hilfe im gruppendynamischen Bereich. In der Produktionsphase erledigen die Teilnehmer die sachlichen wie die gruppendynamischen Funktionen selbst.»

«ICH HÖRE, SIE SIND SCHON EIN AUSGEFUCHSTER EXPERTE», sagte der Minuten-Manager lächelnd.

«Danke schön», sagte Dan. «Es fasziniert mich, wie die einzelnen Teile dieses Konzepts ineinandergreifen. Ich kann es kaum erwarten, mit Maria Sanchez zu sprechen und ihr mitzuteilen, was ich erfahren habe.»

«Das ist eine gute Idee», fand der Minuten-Manager. «Jemand anderem etwas zu erklären ist meiner Erfahrung nach eines der besten Mittel, um zu prüfen, ob ich etwas verstanden habe.»

«Okay», sagte Dan. «Ich glaube, ich rufe Maria an, sobald ich wieder in meinem Büro bin, und verabrede mich mit ihr zum Essen.»

«Hören Sie, ich möchte Maria ja auch gern treffen», fiel der Minuten-Manager ein. «Haben Sie etwas dagegen, wenn ich mitkomme und zuhöre, während Sie die von uns besprochenen Konzepte weitergeben?»

«Wunderbar», antwortete Dan. «Das wird ein guter Test für mich. Da Maria – wie Sie mich überzeugt haben – so scharfsichtig ist, kommt sie sicher mit ein paar Fragen, an die ich noch gar nicht gedacht habe. Rufen wir sie doch gleich an und machen einen Termin.»

Am darauffolgenden Freitag trafen sich Dan, Maria und der Minuten-Manager zum Lunch. Als sie das Essen bestellt hatten, zog Dan eine Mappe aus seinem Aktenkoffer und begann:

«Maria», sagte er, «Ihr Brief über die Bedeutung des Teamworks hat mir so zu denken gegeben, daß ich meinen Freund, den Minuten-Manager, um Hilfe bat. Er sollte mir raten, wie ich Sie davon überzeugen könnte, daß die Management-Konzepte unseres Führungsseminars richtig seien. Zu meiner Überraschung stimmte der Minuten-Manager aber Ihren Ansichten über Teamwork zu.

Er hat mir gezeigt, wie sich die Arbeit in Gruppen von der

individuellen Mitarbeiterführung unterscheidet. Ich habe einige Zeitlang Gruppen in Aktion beobachtet und mit dem Minuten-Manager über seine Auffassung von Teamentwicklung und Führung gesprochen.

Ich möchte die Einsichten, die ich dabei gewonnen habe, gern mit Ihnen teilen. Deshalb habe ich diese Grafik zum Situationsbezogenen Führungsmodell II zusammengestellt, die zusammenfaßt, wie ein Leiter am besten mit einer Gruppe arbeiten und sie zu einem Hochleistungs-Team entwickeln kann.»

Dan nahm die Grafik aus seiner Mappe und legte sie auf den Tisch. Dann stellte er die einzelnen Stadien der Gruppenentwicklung dar, erklärte Maria, daß sie alle unterschiedliches Führungsverhalten erfordern, und beschrieb die Schwankungen in Produktivität und Motivation, die sich im Lauf der Zeit ergeben.

Situationsbezogenes Führen II

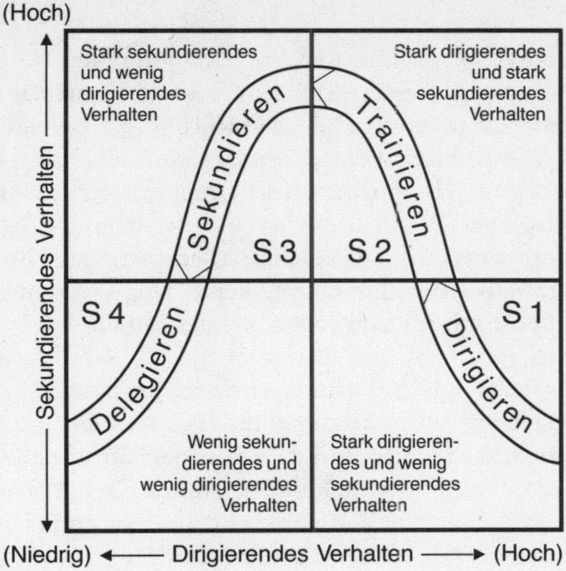

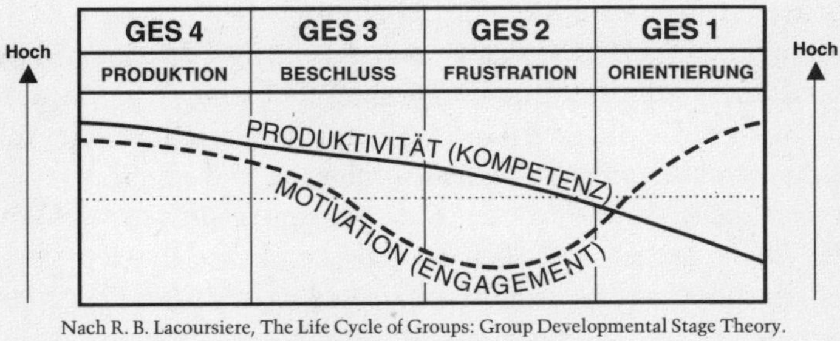

Nach R. B. Lacoursiere, The Life Cycle of Groups: Group Developmental Stage Theory. Human Service Press, New York 1980

Die Anpassung des Führungsstils an das Gruppenentwicklungsstadium

MARIA HÖRTE AUFMERKSAM ZU, während Dan sprach, und sagte anschließend: «Mal sehn, ob ich das richtig mitgekriegt habe. Ich muß mir also erstens über die Ziele und Aufgaben der Gruppe klarwerden. Zweitens muß ich feststellen, in welchem Entwicklungsstadium die Gruppe in bezug auf jede ihrer Aufgaben ist.»

«Stimmt soweit», sagte Dan. «Aber vergessen Sie nicht, nach der Motivation beziehungsweise dem Engagement der Gruppe und nach ihrer Kompetenz oder Produktivität zu fragen.»

Maria nickte. «Gut. Drittens muß ich feststellen, welcher Führungsstil der Entwicklungsstufe der Gruppe entspricht.»

«Richtig», kommentierte Dan. «In jedem Führungsstil ist das Ausmaß, in dem dirigiert, sekundiert und die Gruppe an der Entscheidungsfindung beteiligt wird, verschieden. Im Stadium S 1 ist der Leiter oder die Leiterin in erster Linie für die Aufstellung von Direktiven verantwortlich. In S 4 gibt die Gruppe selbst die Direktiven aus und fällt die Entscheidungen.»

«Ich glaube, ich habe das verstanden», sagte Maria. «Diese Einteilung scheint mir klar und praktikabel, und sie paßt wahrscheinlich auf einige der Gruppen, mit denen ich arbeite. Ich würde gern einige Ihrer Ideen ausprobieren und sehen, wie ich damit zurechtkomme. Meinen Sie, wir könnten uns in zwei Wochen wieder treffen und noch einmal über dieses Konzept sprechen, nachdem ich Gelegenheit hatte, es selbst in der Praxis anzuwenden?»

An diesem Punkt schaltete sich der Minuten-Manager ein. «Ich halte das für einen ausgezeichneten Vorschlag. Wenn Sie das Konzept getestet haben, kommen Sie wahrscheinlich mit neuen Ideen und Fragen zurück. Über ein Gespräch darüber würde ich mich sehr freuen.»

«Ich auch», sagte Dan. «Maria, inzwischen bin ich heilfroh,

daß Sie mir jenen Brief geschrieben haben. Ich habe eine Menge daraus gelernt und werde noch weiter darüber nachdenken. Setzen wir uns doch in der übernächsten Woche zur gleichen Zeit und am gleichen Ort wieder zusammen.»

Während der nächsten beiden Wochen konzentrierte sich Maria vor allem auf zwei Gruppen. Die erste war ein Qualitäts-Team, das eben erst gebildet worden war und sich, wie man auf den ersten Blick sah, in der Orientierungsphase befand. Die Teilnehmer waren sich weder über ihre Ziele im klaren, noch hatten sie ihre individuellen Rollen oder einen Aktionsplan festgelegt. Maria beschloß, die Aufmerksamkeit der Gruppe auf das Verständnis der Ziele und die Bestimmung der Rollen, der nötigen Fertigkeiten und der Anfangsschritte zu lenken. Die Sitzung verlief gut, und Maria war zufrieden mit den Fortschritten der Gruppe.

Das zweite Team war Marias eigene Gruppe. Hier war es schwieriger für sie, den Gruppenentwicklungsstand zu diagnostizieren. Die Mitglieder schienen sich zu mögen, gern zusammenzukommen und einander zu unterstützen, aber zwischen einigen herrschte eine unbehagliche, untergründige Spannung. Maria konnte sich nicht recht schlüssig werden, ob die Gruppe sich im Frustrations- oder Beschlußstadium befand, und von daher fiel es ihr schwer, den am besten geeigneten Führungsstil herauszufinden. Sie begann sich zu fragen, ob ihr die enge Verbindung zu dieser Gruppe vielleicht den Blick verstellte. Während sie sich zur Vorbereitung ihres Treffens mit Dan und dem Minuten-Manager über ihre Arbeit klarzuwerden suchte, hielt sie rasch ein paar Fragen in ihrem Notizbuch fest:

1. Kann eine Gruppe ohne die Hilfe eines Leiters vom Orientierungs- in das Produktionsstadium übergehen?

2. Wenn ich das Entwicklungsstadium einer Gruppe bestimmt und mich für einen bestimmten Führungsstil entschieden habe, wie lange sollte ich dann bei diesem Führungsstil bleiben?

3. Kann das Interesse einer Vorgesetzten an ihrer Gruppe ihre Fähigkeit zur Diagnose des Gruppenentwicklungsstadiums beeinträchtigen?

ALS SICH MARIA, DAN UND DER MINUTEN-MANAGER wieder trafen, ergriff Maria sogleich das Wort. «Ich freue mich, Sie beide zu sehen», begann sie. «Ich habe mit Ihrem Konzept einigen Erfolg gehabt, aber die Arbeit damit hat zugleich ein paar neue Fragen aufgeworfen. Die habe ich hier aufgeschrieben.»

Dan und der Minuten-Manager überflogen das Blatt, das Maria ihnen hinstreckte. Dann sagte der Minuten-Manager: «Das sind wichtige Punkte. Ich finde, wir sollten sie der Reihe nach durchgehen.»

«Augenblick!» rief Dan. «Ich habe auch noch eine Frage. Eine der Gruppen in meiner Abteilung arbeitet schon seit einem halben Jahr reibungslos zusammen, aber als ich mich letzte Woche mit ihr traf, benahm sie sich auf einmal zaghaft und wollte nicht mit der Sprache heraus. Ich hatte das Gefühl, da gab es unausgesprochene Spannungen. Das schien nicht mehr das gleiche Team zu sein, mit dem ich im letzten Monat zusammengekommen war. Deshalb meine Frage: Fallen Teams je in frühere Entwicklungsstadien zurück? Wenn es das geben sollte – warum geschieht das? Und wie kann man dem vorbeugen?»

«Aber das sind ja gleich mehrere Fragen auf einmal», sagte der Minuten-Manager. «Ich schlage vor, wir essen zu Ende und gehen dann in mein Büro. Mit einem Flip-chart und Platz, um unsere Arbeit auszubreiten, kommen wir besser voran.»

Als die drei im Büro des Minuten-Managers angekommen waren, schrieb Maria die vier Fragen auf ein Flip-chart, und der Minuten-Manager holte ein Poster aus seinem Konferenzraum und heftete es an die Wand.

Die wichtigste Aufgabe
eines Team-Leiters ist es,
die Gruppe durch die
verschiedenen
Entwicklungsstadien
zu lotsen.

*

The most important function
of a team-leader is to help the group
move through the stages
of development.

ZU MARIA GEWANDT, erklärte der Minuten-Manager: «Ich habe dieses Poster hier hingehängt, weil es mit Ihrer Frage zu tun hat, Maria.»

«Nach der Einführung in die Situationsbezogene Führung, die Dan mir vor zwei Wochen gegeben hat, sehe ich es so», begann Maria. «Das Erkennen des Entwicklungsstands der Gruppe und die Anpassungsfähigkeit, um den eigenen Führungsstil elastisch darauf auszurichten, sind die ersten beiden Fertigkeiten, die Gruppenleiter entwickeln müssen. Aber das ist noch nicht genug. Als Leiterin einer Gruppe habe ich primär die Aufgabe, meinen Führungsstil wenn möglich immer wieder zu ändern, bis die Gruppe auf Stufe 4 angekommen ist und als Hochleistungs-Team funktioniert.»

«Sie sagen es», lobte der Minuten-Manager. «Sprechen wir nun über die dritte Fertigkeit – Bevollmächtigung –, die Gruppenleiter neben Diagnose und Anpassungsfähigkeit meistern müssen. Bevollmächtigung bedeutet, die Verantwortung für Direktiven und Unterstützung allmählich der Gruppe zu übertragen. Dabei geht es darum, die Gruppe aus der Abhängigkeit von einem Leiter zu gegenseitiger Abhängigkeit, von der Außenkontrolle zur Innenkontrolle zu führen. Zur Illustration greifen wir am besten noch mal auf die vier grundlegenden Führungsstile des Situationsbezogenen Leitens II zurück.»

Mit raschen Strichen zeichnete der Minuten-Manager das Führungsmodell auf ein zweites Flip-chart an der Frontseite des Raumes.

Situationsbezogenes Führen II

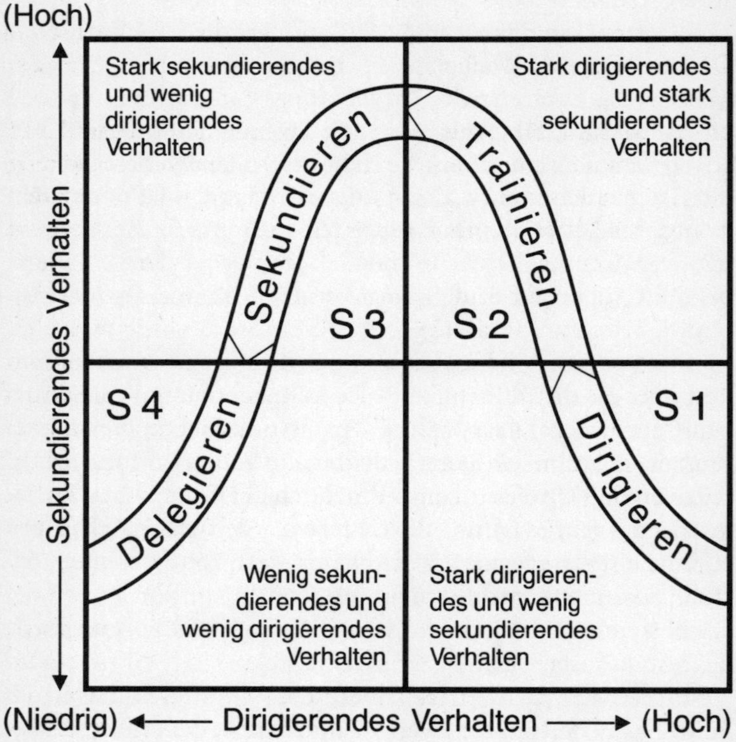

Die vier grundlegenden Führungsstile

«Stellen Sie sich vor», sagte der Minuten-Manager, nachdem er das Führungsmodell angezeichnet hatte, «die Kurve, die durch die Felder der verschiedenen Führungsstile geht, bestünde aus Eisenbahnschienen. Wenn Sie von Stil 1 nach Stil 4 fahren wollen, an welchen beiden Stationen müssen Sie dann unterwegs haltmachen?»

«Bei Stil 2 – Trainieren und Stil 3 – Sekundieren», sagte Dan. «Wenn das so ist, dann würde ich annehmen, daß es nicht möglich ist, ein Stadium zu überspringen. Mit anderen Worten, man könnte aus dem Orientierungs- nicht direkt ins Produktionsstadium überwechseln.»

Der Minuten-Manager nickte. «Mit Ausnahme einiger Gruppen, die – wie schon erwähnt – gleich auf Stufe 2 beginnen, überspringen Gruppen normalerweise kein Entwicklungsstadium. Da können die Teilnehmer noch so versiert in einer Aufgabe oder noch so erfahrene Gruppendynamiker sein, sie müssen doch immer erst ein Team aufbauen. Der Entwicklungsprozeß eines Hochleistungs-Teams erfordert, daß alle diese Stadien zurückgelegt werden. Das heißt zugleich, daß auch Ihr Führungsstil dieser Schienenspur folgen muß – Sie können keinen Stil überspringen.»

«Das ist hochinteressant», sagte Maria. «Ich erinnere mich, daß ich bei neuen Gruppen mehrmals gleich mit einem sekundierenden (S 3), partizipativen Führungsstil eingestiegen bin, vor allem, wenn es sich um einen Qualitätszirkel oder eine Gruppe zur Erarbeitung von Verbesserungsvorschlägen handelte.»

«Und wie war das?»

«Grauenvoll», sagte Maria. «Ich habe die Gruppe direkt in den Frust hineingetrieben. Da ich nicht wußte, was los war, habe ich mich geärgert und bin direkt vom Sekundieren (S 3) zum Dirigieren (S 1) übergegangen. Das hat dann wiederum die Gruppe geärgert und noch lustloser gemacht.»

«Ich halte mich immer an folgende Faustregel», sagte der Minuten-Manager. «Im Zweifelsfall beginne man immer mit einem stärker dirigierenden Stil, egal ob die Gruppe ganz neu oder schon eingespielt ist. Haben Sie nämlich den Entwicklungsstand der Gruppe falsch eingeschätzt und sie ist schon weiter, als Sie gedacht haben, dann ist es viel einfacher, die Zügel lockerzulassen als sie anzuziehen. Wenn Sie aber eine Gruppe für weiter fortgeschritten halten, als sie in Wirklichkeit ist, und mit einem zu partizipativen, sekundierenden Stil anfangen, dann aber einen Rückzieher machen und wieder stärker dirigieren, dann werden die Gruppenmitglieder bockig, auch wenn Ihr Verhalten sachlich gerechtfertigt ist.»

«Sie meinen also, daß die Mitarbeiter jeden Wechsel zu einem strafferen Führungsstil übelnehmen?» fragte Maria.

«Auf jeden Fall», antwortete der Minuten-Manager. «Als meine Frau noch als Lehrerin gearbeitet hat, habe ich ihr immer geraten, vor November nicht zuviel zu lächeln. Wenn sie gleich als Frau Liebenswürdig und Freundin der Kinder aufgetreten wäre und die Kinder dann nichts gelernt hätten, wäre es mörderisch geworden, sie wieder unter Kontrolle zu bekommen.»

«Die Rolle der Leiter als Führer auf dem Weg zur Bevollmächtigung leuchtet mir ein, und ich erkenne auch, wie wichtig es ist, auf den Schienen zu bleiben», sagte Maria. «Aber bei meiner zweiten Frage könnte ich ein wenig Hilfe gebrauchen – wie lange soll man sich an jeder Station aufhalten?»

«DENKEN SIE AN UNSERE DISKUSSION VOR ZWEI WOCHEN», antwortete der Minuten-Manager, «als wir sagten, daß das Dirigieren in die Orientierungsphase gehört. Durch Dirigieren starten wir die Gruppe: Wir geben die nötigen Informationen weiter; wir erklären die anfänglichen Ziele und Aufgaben; wir helfen der Gruppe, die nötigen Fertigkeiten zu entwickeln, um effizienter zu werden. Wenn ein Leiter aber zu lange bei einer stark dirigierenden Führung bleibt, haben es die Teilnehmer bald über, immer wieder gesagt zu bekommen, was sie tun und wie sie es tun müssen. Sie haben weniger Lust, ihre eigenen Gedanken und Meinungen einzubringen. Die Folge ist, daß Produktivität, Befriedigung und Kreativität leiden.»

«Das verstehe ich gut», meinte Maria. «Wenn ich in so einer Gruppensituation war, hatte ich immer das Gefühl, persönlich gar keinen Einfluß zu haben, und verlor dann bald das Interesse.»

«Genauso läuft es», kommentierte der Minuten-Manager. «Deshalb ist es so wichtig, rasch zu einem trainierenden Stil überzugehen und die Gruppenteilnehmer zu ermutigen, ihre Ideen und Meinungen zu äußern. Die Mitarbeiter fühlen sich bevollmächtigt, wenn ihre Ideen gewürdigt werden.

Sie erinnern sich: Eine Gruppe kann Prozeß-Ziele, wie etwa offene Kommunikation und gemeinsame Führung, und inhaltliche Ziele haben. Die Aufstellung dieser Ziele ist ein guter Zeitpunkt, um zum Trainieren überzugehen und die Teilnehmer zu eigenen Beiträgen zu ermuntern.»

«Eine gute Idee», sagte Maria. «Aber warum werden Gruppen frustriert, obwohl die Leitung zur richtigen Zeit zum Trainieren übergeht?»

Der Minuten-Manager lächelte. «Das ist eine gute Frage. Sicher wäre es angenehm, das Frustrationsstadium zu überspringen und gleich zu einem Hochleistungs-Team zu werden. Das rechte Führungsverhalten zur rechten Zeit kann die Unzufriedenheit zwar verringern, aber nicht ganz aus der Welt schaffen. Wenn die Mitarbeiter anfangen, ihre Meinung zu äußern und ihre Bedürfnisse anzumelden, werden Unterschiede zwischen ihnen sichtbar. Die Folge ist, daß es unter den Gruppenmitgliedern zu Rivalitäten und Machtkämpfen kommt, manche ziehen sich zurück, andere werden durch die Schwierigkeit der vor der Gruppe liegenden Aufgabe entmutigt und frustriert. Zum realitätsgerechten, harten Arbeiten kommt man erst, wenn die Flitterwochen vorbei sind. Während der Frustrationsphase ringt die Gruppe um eine Sinngebung und um Unabhängigkeit. Das ist eine turbulente Angelegenheit.»

«Vielleicht kann man dieses Stadium ja umgehen, wenn es sich machen läßt», sagte Maria.

«Bloß das nicht!» sagte der Minuten-Manager. «Das zweite Stadium bringt auch eine Menge Kreativität und Dynamik. Wie ich Dan schon gesagt habe, ist es die Pubertät im Leben der Gruppe. Die Gruppe muß diese ungelenke Phase hinter sich bringen, bevor sie erwachsen werden und ins Produktionsstadium eintreten kann. Unglücklicherweise bleiben viele Gruppen auf dieser Stufe stehen. Daraus resultiert die negative Einstellung zu Gruppen, die so verbreitet ist. Nach meiner eigenen Erfahrung hilft schon das Wissen um die Unvermeidbarkeit dieses Stadiums, sich das eigene Engagement zu bewahren, bis das nächste Stadium erreicht ist.»

Maria blickte ein bißchen skeptisch, so daß der Minuten-Manager hinzufügte: «Natürlich muß der Manager an diesem Punkt allmählich weniger Direktiven geben und statt dessen mehr ermutigen und sekundieren. Die Motivation ist gesunken, deshalb müssen wir Mittel und Wege finden, um die Teilnehmer dabei zu erwischen, wie sie etwas richtig machen, und gleichzeitig müssen wir weiter Fertigkeiten und Wissen ausbauen. Das Team muß lernen, effektiv zu kommunizieren und Entscheidungen zu treffen. Es muß Grundregeln dafür entwickeln, wie man sich im Team zuhört, wie man mit Konflikten umgeht und jeden einzelnen zum Mitmachen ermutigt. Vergessen Sie nicht: Wir müssen versuchen, der Gruppe die Verhaltensweisen vorzumachen, zu denen sie selbst noch nicht imstande ist.»

An dieser Stelle platzte Dan heraus: «Bei Ihren letzten Worten ist mir ein Licht aufgegangen. Sie springen also nicht direkt von einem dirigierenden zu einem trainierenden Führungsstil, sondern geben nach und nach weniger Direktiven und ziehen sich aus den sachlichen Funktionen zurück. Gleichzeitig unterstützen Sie die Gruppe stärker und übernehmen mehr gruppendynamische Funktionen, während die Gruppe sich durch die diversen Stadien bewegt.»

«Haargenau so ist es», bestätigte der Minuten-Manager. «Wir haben hier einen graduellen Prozeß. Vergessen Sie nicht: Während Sie das Team stärker unterstützen und weniger Direktiven geben, beziehen Sie es gleichzeitig stärker in den Entscheidungsfindungsprozeß mit ein. Das ist an sich wieder ein sekundierendes, bevollmächtigendes Verhalten. Das Team übernimmt mehr Verantwortung für die Aufgabe und den Prozeß und wird dadurch weniger abhängig von dem formellen Team-Leiter.»

«Was passiert, wenn dieser Prozeß weitergeht?» wollte Dan wissen. «Zieht sich der Leiter nicht selbst den Stuhl unter dem Hintern weg?»

«Na, nicht ganz», beruhigte ihn der Minuten-Manager. «Für einen Manager gibt es immer etwas zu tun, aber das heißt nicht, daß er die Kontrolle in der Hand behält oder das Team nicht in die Unabhängigkeit entläßt. Statt dessen gilt:

Aus einer Gruppe
wird nie und nimmer ein
bevollmächtigtes,
selbstgeleitetes Team,
solange der Chef nicht
bereit ist, die Führung
zu teilen.

*

You will never, never, never
have an empowered, self-directed team
unless the manager is willing
to share control.

Nachdem alle drei über diesen Merksatz gelacht hatten, sprach der Minuten-Manager weiter.

«Was die Produktivität und menschliche Befriedigung der Mitarbeiter angeht, so ist es wesentlich, daß sie alle bevollmächtigt sind, auf die sie berührenden Entscheidungen Einfluß zu nehmen.»

«Dabei geht es vielleicht sogar um mehr als um Produktivität und Befriedigung», meinte Maria. «Neulich las ich einen Artikel, in dem es hieß, daß Menschen, die in ihrem Berufsleben an Entscheidungen beteiligt sind, länger leben.»

«Interessant», kommentierte der Minuten-Manager, «und völlig plausibel. Aus meiner eigenen Karriere weiß ich ja selbst, daß die verheerendsten Situationen immer die waren, wenn ich bei wichtigen, mich selbst betreffenden Entscheidungen nicht mitreden konnte.»

Dan und Maria nickten. Dann knüpfte Maria wieder an. «Um wieder zur Gruppenentwicklung und dem Wechsel im Führungsverhalten zurückzukommen: Der Leiter muß also schrittweise die Kontrolle abgeben, damit die Gruppe Erfolg hat und anfängt, sich selbst zu leiten.»

«Ganz abzugeben braucht er die Kontrolle nicht», stellte der Minuten-Manager klar. «Er muß nur bereit sein, sie zu teilen. Wenn er das tut, trifft er keine Entscheidungen mehr für die Gruppe, sondern nimmt an ihren Entscheidungen teil. In diesem Moment wird die Gruppe mit ihm als Mitglied zu einem selbstgeleiteten, selbstverantwortlichen Team.»

«Das ist ein harter Schritt für die meisten von uns», bemerkte Dan, «haben wir als Manager doch alle gelernt, daß Entscheidungen fällen und die Kontrolle in der Hand behalten unser Job ist.»

«Ich weiß», gab der Minuten-Manager zurück. «Ich meine aber, daß Sie als Manager die Aufgabe haben, Ihre Teams so zu entwickeln, daß sie kompetent, engagiert und fähig werden, gemeinsam zu entscheiden. Wissen Sie noch? Ein Hochleistungs-Team ist kreativer und findiger im Problemlösen als jeder allein arbeitende Mitarbeiter.»

«MEINE ERSTEN BEIDEN FRAGEN nach der Rolle des Leiters und wie lange man bei einem bestimmten Führungsstil bleiben soll, wären damit beantwortet», sagte Maria. «Ich fände es günstig, Dans Frage nach eventuellen Rückschlägen vorzuziehen, bevor wir mit meiner dritten Frage noch mal zur Diagnose kommen.»

«Von mir aus gern», sagte der Minuten-Manager. «Schießen Sie los, Dan.»

«Kommt es vor, daß Gruppen, die die Produktionsphase erreicht haben, in frühere Stadien zurückfallen?» fragte Dan.

«Ja, das gibt es», antwortete der Minuten-Manager. «Wenn Gruppen Mitglieder dazubekommen, verlieren oder austauschen, wenn die Aufgabe wechselt oder wenn ein einschneidendes Ereignis die Arbeit stört, können Gruppen durchaus aus dem 4. Stadium ins 3. oder sogar ins 2. zurückfallen. Darauf müssen Sie gefaßt sein.»

«Der Leiter muß dann sicher seinen Führungsstil der jeweiligen Stufe anpassen», meinte Dan.

«Stimmt. Nehmen Sie an, Sie arbeiten mit einem Hochleistungs-Team und delegieren. Wenn ein Problem auftaucht, können Sie nicht einfach vom Delegieren (Stil 4) zum Dirigieren (Stil 1) zurückschalten. Das wäre eine grobe Entgleisung. Stattdessen bleiben Sie schön auf der Schiene, kehren zurück zum Sekundieren (Stil 3) und versuchen herauszufinden, was falsch gelaufen ist. Dann können Sie entscheiden, ob Sie sogar bis zum Trainieren (Stil 2) zurückgehen und die Gruppe durch neue Direktiven oder eine Rüge wieder auf Kurs bringen.»

Dan hakte noch einmal nach. «Wenn eine Gruppe aus der Rolle fällt, muß ich also unbedingt in der Spur bleiben und jeweils nur einen einzigen Führungsstil zurückgehen, bis ich die Gruppe so weit habe, daß sie sich mit dem Problem auseinandersetzt?»

«Genau», antwortete der Minuten-Manager. «Sie müssen sich nur immer vor Entgleisungen hüten. Gehen Sie nie auf einen Schlag um zwei Führungsstile vor, weil sie vielleicht die Gruppenentwicklung beschleunigen wollen. Springen Sie nie auf einmal zwei Stile zurück, wenn die Gruppe abgesackt ist.»

«Das ist ein guter Tip», sagte Dan. «Ich glaube, das muß ich mir immer wieder sagen lassen. Aber gehn wir doch jetzt zu Marias letzter Frage über. Können Leiter so viel Anteil an einer Gruppe nehmen, daß sie nicht mehr feststellen können, in welcher Phase die Gruppe ist? Diese Frage interessiert mich besonders, weil sie die Rolle des Leiters als eines teilnehmenden Beobachters tangiert.»

«Als was?» fragte Maria verwundert.

«Bevor ich anfing, einige der Arbeitsgruppen in der Firma des Minuten-Managers zu beobachten, hat er mir gesagt, ein effektiver Leiter müsse sich ganz auf den *Inhalt* der Arbeit oder die Tagesordnung – das, woran die Gruppe arbeitet – konzentrieren. Gleichzeitig müsse er aber noch fähig sein, sich ein wenig zurückzunehmen und den Gruppenprozeß, die Gruppendynamik, ins Auge zu fassen», erläuterte Dan.

«Genau davon rede ich ja», sagte Maria. «Manchmal war mir die Entscheidung so wichtig, daß ich fast nicht mehr darauf achten konnte, wie die Gruppe zu der Entscheidung kam. Und dann war es natürlich schwer zu sagen, in welchem Entwicklungsstadium die Gruppe war.»

«Als ich die Gruppen in Ihrem Hause besuchte», sagte Dan, indem er sich dem Minuten-Manager zuwandte, «hatte ich dieses Problem nicht, weil ich ja selbst kein Mitglied der Gruppe war. Ich fungierte bloß als *Prozeß-Beobachter.*»

«Das sehen Sie richtig», bestätigte der Minuten-Manager lächelnd. «Um meine Beobachtungsfähigkeit nicht durch meine innere Beteiligung am Geschehen beeinträchtigen zu lassen, greife ich zu folgender Strategie: Ich ernenne einen Teilnehmer zum Prozeß-Beobachter für die Gruppe. Er oder sie muß in regelmäßigen Abständen berichten, was ihm oder ihr in Sachen Kommunikation, Entscheidungsfindung, Konfliktmanagement oder anderen jeweils wichtigen Punkten aufgefallen ist. Während dieses Gruppenmitglied Beobachter ist, darf er oder sie nicht in die Diskussion hineingezogen werden.»

«Warum nicht?» fragte Maria.

«Solange man die Kunst des Gruppen-Beobachtens noch lernt, ist es besser, die beiden Rollen des Beobachters und des Mitglieds zu trennen. Wenn das Diskussionsthema die Beobachter aber irgendwann nicht mehr kaltläßt, können sie darum bitten, aus ihrer Funktion entlassen zu werden, damit sie sich ganz dem Inhalt zuwenden können. Dann übernimmt jemand anders die Beobachterrolle.»

«Das klingt interessant», sagte Maria. «Sie lassen die Rolle des Prozeß-Beobachters also reihum gehen.»

«Richtig», bestätigte der Minuten-Manager. «Auf diese Weise können alle Gruppenmitglieder die Kunst des Prozeß-Beobachters erlernen, und sie bekommen eine schärfere Wahrnehmung dafür, wie die Gruppe funktioniert.

Falls es dann Probleme gibt und wir nicht mehr weiterwissen, können wir diese Informationen aus dem Gruppenprozeß heranziehen, um zu verstehen, was los ist, und um etwas gegen unsere Schwierigkeiten zu unternehmen. Sich das eigene Verhalten bewußtzumachen hilft der Gruppe, in ihrer Entwicklung voranzukommen.»

«Könnten Sie das noch ein bißchen genauer erklären?» warf Maria ein.

«Ich arbeitete einmal mit einer Gruppe im Frustrationsstadium. Ich selbst war so weit hineinverwickelt, daß ich mir nicht mehr zu helfen wußte. Es war klar, daß wir uns festgefahren hatten, aber ich wußte nicht warum und hatte keine Ahnung, wie ich aus dem Schlamassel rauskommen sollte. Ich wußte nicht, ob wir uns auf Stufe 1 oder 2 befanden», gestand der Minuten-Manager.

«Hätte dieser Unterschied nicht eigentlich klar sein müssen?» fragte Maria ein wenig verdutzt.

«Nein, ganz und gar nicht. Die Gruppe war voller Energie, und zugleich gab es offensichtliche Spannungen. Es wurde viel nach Rollen, Zielen und Strategien gefragt, was ich als Orientierungsbedürfnis einstufte. Nichts paßte zusammen.»

«Und weiter?» fragte Maria.

«Aus einer Laune heraus – Sie merken, ich war noch ganz neu im Geschäft – bat ich eine Teilnehmerin, sich eine Stunde lang abseits von der Gruppe hinzusetzen und zu beobachten, wie wir miteinander kommunizierten. Als Anhaltspunkt gab ich ihr eine Liste mit Fragen wie: Wer spricht? Wer spricht mit wem? Wer richtet sich nach wem? Als die Stunde um war, berichtete sie, was sie beobachtet hatte. Zu unserer großen Bestürzung hatte sie festgehalten, daß wir uns in dieser Zeit vierzigmal gegenseitig unterbrochen hatten.»

Maria lächelte.

«Diese eine Information ermöglichte uns schon, ein Problem zu identifizieren, das für die Frustrationsphase charakteristisch ist, und es zu beheben. Von nun an überwachten die Gruppenmitglieder selbst ihre eigenen Interaktionen, was uns ziemlich rasch dem Beschlußstadium näher brachte», schloß der Minuten-Manager.

«Könnte man nicht allen Gruppenteilnehmern eine solche Liste in die Hand geben, damit sie sie während der Sitzungen in regelmäßigen Abständen ausfüllen und so ihre eigenen Fortschritte überwachen?» wollte Maria wissen.

«Doch. Eine solche Strategie würde die bewußte Wahrnehmung und die gegenseitige Verantwortung für die Überwachung des Gruppengeschehens fördern», schmunzelte der Minuten-Manager.

«Wie wäre es denn, wenn man einen Dritten hinzunähme, der an den Sitzungen teilnimmt und den Gruppenprozeß überwacht?» fragte Dan, der eine Zeitlang still dagesessen hatte. «In diesem Fall brauchte man keinen Teilnehmer aus der Gruppe herauszuholen oder die Sitzungszeit mit Prozeß-Problemen zu vertun.»

«Das ist auch eine Möglichkeit, sogar eine nützliche, vor allem, wenn die Gruppe festsitzt», stellte der Minuten-Manager klar. «Manchmal kann ja ein unbeteiligter Dritter direkt und objektiv Feedback geben, wie ein Gruppenmitglied es nie kann. Vielleicht ist das genau der Stimulus, der der Gruppe weiterhilft. Der Prozeß-Beobachter fungiert als objektive ‹Versteckte Kamera›, wobei die Rechtmäßigkeit seines Tuns außer Frage steht.»

«Ich glaube, das wäre genau das Richtige für die Frustrationsphase oder überhaupt immer dann, wenn man beim Aufbau des Teams objektive Hilfe von außen braucht», stimmte Maria zu.

«Ja. Es kann für die Gruppe eine große Hilfe sein», sagte der Minuten-Manager. «Aber ich würde es nicht zu einer ständigen Einrichtung machen wollen. Vergessen Sie nicht: der Knackpunkt ist, die Kunst des teilnehmenden Beobachtens auf die Gruppe zu übertragen. Die Gruppenmitglieder müssen selbst die Verantwortung für die Überwachung des Gruppenprozesses übernehmen, sonst werden sie nie zu einem Hochleistungs-Team. Ihre Aufgabe als Minuten-Manager ist es, die Gruppen zu *bevollmächtigen*.»

«Logo!» sagte Dan. «Gruppen sind so kompliziert, wenn ich sie nicht bevollmächtige, komme ich doch überhaupt nicht mehr klar.»

DER MINUTEN-MANAGER LEHNTE SICH einen Augenblick schweigend in seinem Stuhl zurück. Sein Gesicht wurde nachdenklich. Dann sagte er: «Vor Jahren gab mir mein Mentor einmal eine eindrucksvolle Lektion in Sachen Bevollmächtigung. Ich klagte ihm mein Leid, wie überlastet ich mich fühlte. Ich sei verantwortlich für alles, was sich in meiner Abteilung abspiele, und schaffe es nicht, auf dem laufenden zu bleiben. Er hörte mir geduldig zu, während ich in den höchsten Tönen jammerte. Dann sagte er einfach: ‹Sie täuschen sich. Ihre Aufgabe ist es, Ihre Mitarbeiter zu erziehen, sie so weit zu entwickeln, daß sie selbst die Verantwortung für ihre Arbeit übernehmen können, und ihnen Gelegenheit zu geben, etwas zu leisten.› Ich war geschockt. Als mein Mentor das bemerkte, erklärte er mir:

Die Wörter
« Führungskraft »
und « Erzieher » sind
austauschbar.

*

The words « manager »
and « educator » are
synonymous.

«Meinen Sie nicht eher ‹Ausbilder› als ‹Erzieher›?» fragte Dan.

«Nein», antwortete der Minuten-Manager. «Vergessen Sie nicht, auch Tiere können wir ausbilden, aber wir erziehen Teams. Als Führungskraft sind Sie zugleich Lehrer. Ihre Hauptaufgabe ist es, Ihre Mitarbeiter zu entwickeln. Sie können sich nicht darauf zurückziehen, daß Seminare oder Trainingssitzungen Ihnen diese Aufgabe schon abnehmen werden. Jede Gruppe ist eine Fundgrube voll Kreativität und Talent. Ihre Aufgabe ist, allen Team-Mitgliedern zu helfen, ihre Fertigkeiten und Kenntnisse zu entwickeln, so daß sie sich selbst leiten können, *und* Sie müssen ein Umfeld schaffen, in dem die Team-Mitglieder bereit sind, etwas zu riskieren, zu wachsen, Verantwortung zu übernehmen und kreativ zu sein. Wenn Sie das unterlassen, werden Sie sich ständig gestreßt fühlen, und, was schlimmer ist, Sie werden nie mit selbstgeleiteten Teams zusammenarbeiten können. Ihre Sichtweise wirkt als sich selbst erfüllende Prophezeiung: Wenn Sie glauben, daß Gruppen hochkarätige Leistungen bringen können, und wenn Sie ihnen helfen, die entsprechenden Kenntnisse, Fertigkeiten und Handlungsspielräume zu entwikkeln, dann zeigen die Gruppen Kreativität und Verantwortungsbewußtsein. Und das macht auch Ihnen das Leben sehr viel leichter.»

«Bevollmächtigung heißt also, Gruppen bei der Entwicklung ihrer Fertigkeiten und Kenntnisse zu helfen und sie beim praktischen Gebrauch ihrer Begabungen zu unterstützen», resümierte Maria.

«Genau», stimmte der Minuten-Manager zu. «Sie müssen sich immer daran erinnern, daß Individuen wie Gruppen sich nur dann voll einbringen, wenn sie das Gefühl haben, daß das erwünscht ist. Ihre Mitarbeiter müssen wissen, daß Sie an ihrem Erfolg interessiert sind. Wenn das klar ist, streben Gruppen immer nach der Bestleistung. Sie setzen sich ehrgeizige Ziele, übernehmen Verantwortung und riskieren etwas. Selbst kritische Rückmeldungen werden akzeptiert, wenn die Gruppe sie als Teil ihres Entwicklungsprozesses begreift und wenn das Feedback darauf abzielt, der Gruppe zum Erfolg zu verhelfen.»

«Das ist stark», rief Maria.

«Nein, das ist Bevollmächtigung!» lächelte der Minuten-Manager. «Gruppen fühlen sich bevollmächtigt, wenn sie innerlich beteiligt, in ihrer Leistung anerkannt und produktiv sind.»

«Ich habe mich auf jeden Fall beteiligt, anerkannt und produktiv gefühlt, während ich mit Ihnen beiden gearbeitet habe», sagte Dan. «Für mich war das heute ein sehr wichtiges Treffen. Sie haben mir beide sehr geholfen.»

«Es gibt nichts Wichtigeres, als voneinander zu lernen», sagte der Minuten-Manager. «Wirkliche Bevollmächtigung entsteht durch Teilen, und zwar nicht nur mit den Kollegen, sondern mit den Teilnehmern jeder Ihrer Gruppen.» Der Minuten-Manager sah auf die Uhr. «Ich muß jetzt gehen, in einer halben Stunde habe ich Vorstandssitzung.

Es war mir ein Vergnügen, Sie kennenzulernen, Maria, und herzlichen Dank noch einmal für Ihren Brief, der den Stein ins Rollen gebracht hat. Rufen Sie mich an, wenn ich Ihnen irgendwie behilflich sein kann. Viel Glück.»

«Vielen Dank», sagte Maria, «ich melde mich bestimmt. Ich werde mich in meiner eigenen Gruppe weiter mit Ihrem Konzept auseinandersetzen.»

«Auch ich bin begierig, das, was ich gelernt habe, weiter anzuwenden», sagte Dan.

Fast sofort danach begannen Dan und Maria in die Praxis umzusetzen, was sie vom Minuten-Manager über Gruppenführung gelernt hatten. Und Dan baute das Konzept vom Situationsbezogenen Führen in sein laufendes Führungsseminar ein.

Er lehrte die Führungskräfte seiner Firma, daß der Weg zur Bevollmächtigung ihrer Mitarbeiter mit der *Diagnose* beginnt. Bei der Bestimmung des Gruppenentwicklungsstadiums regte er an, die unter dem Stichwort POWER zusammengefaßten Charakteristika von Hochleistungs-Teams als Vergleichsgrundlage zu benutzen. Alle Seminarteilnehmer lernten, die PERFORM-Merkmale im Auge zu behalten.

Ist das Entwicklungsstadium der Gruppe bekannt, sagte Dan seinen Kollegen, dann muß im zweiten Schritt der *adäquate Führungsstil festgestellt* werden. Kriterium dafür ist die erforderliche Dosis an dirigierendem und sekundierendem Führungsverhalten und der Grad der Beteiligung der Gruppe an der Entscheidungsfindung. Um den Fortschritt der Gruppe zu erleichtern, müssen schließlich *spezifische Strategien* entwickelt werden, beispielsweise eine Klärung der Rollen und Ziele, falls es in diesem Punkt Unsicherheiten gibt, oder ein Training in Konfliktlösungsmethoden oder die Ernennung eines Prozeß-Beraters, wenn das Meinungsspektrum in der Gruppe sich zu sehr polarisiert.

Sind die spezifischen Bedürfnisse der jeweiligen Gruppe befriedigt, so riet Dan seinen Kollegen im Führungsseminar, kann man darangehen, einen genauen Aktionsplan als Orientierungstafel auf dem Weg zur Bevollmächtigung der Gruppe aufzustellen.

Dan zeichnete einen «Spielplan» im Taschenformat als Hilfe für die Manager, die er gelehrt hatte, effektive Teamleiter zu werden.

SPIELPLAN TEAMENTWICKLUNG

1. Kläre die Perspektive
   Lege Ziele und Rollen fest

2. Diagnostiziere die

Entwicklungsstufe der Gruppe

PRODUKTIVITÄT — **MOTIVATION**

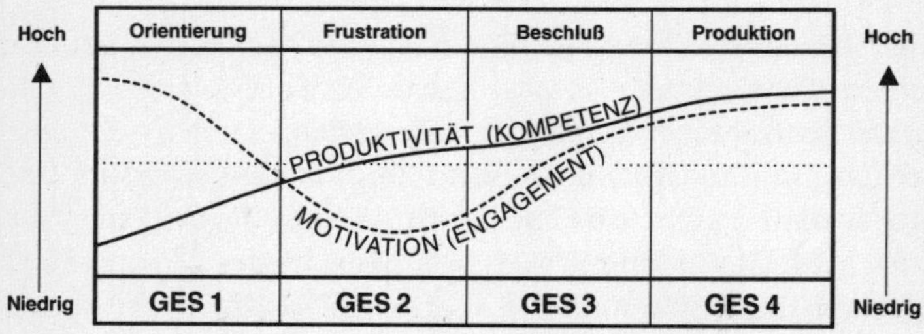

GRUPPENENTWICKLUNGSSTADIEN

3. Ordne den entsprechenden Führungsstil zu

GES 1	GES 2	GES 3	GES 4
Dirigieren	Trainieren	Sekundieren	Delegieren
S 1	S 2	S 3	S 4

4. Praktiziere den adäquaten Führungsstil

5. Beginne, die Gruppe auf den Weg zur Bevollmächtigung zu führen

Nach R. B. Lacoursiere, The Life Cycle of Groups: Group Developmental Stage Theory. Human Service Press, New York 1980

MARIA ENTDECKTE, daß es ein aufregendes, aber keineswegs bequemes Abenteuer war, eine effektive Teamleiterin zu werden. Der Prozeß verlangte ihr viel Zeit, Stehvermögen und Engagement ab. Ein Team gut zu führen war viel schwieriger als autokratisch zu bestimmen. Sie wollte ihren Mitarbeitern Entscheidungsvollmacht geben und mußte dabei lernen, daß es höchst anstrengend ist, die Gruppe so weit zu bringen, daß sie Mitverantwortung übernimmt. «Sich vor den Mitarbeitern aufzupflanzen und ganz cool zu sagen: Wer nicht spurt, fliegt!, ist doch viel bequemer. Bevollmächtigung ist nichts für Angsthasen, aber die Ergebnisse sind es wert.»

Dan und Maria hatten seit ihren Sitzungen mit dem Minuten-Manager miteinander Kontakt gehalten. Sie hatten Spaß daran, ihre Erkenntnisse miteinander zu vergleichen.

«Das Situationsbezogene Führungskonzept mit meiner eigenen Gruppe durchzuspielen hat mir wohl am meisten geholfen», sagte Maria eines Tages. «Ich habe meinen Mitarbeitern alles weitergegeben, was ich von dir und dem Minuten-Manager über Gruppen gelernt habe. Ich fand es richtig, daß alle die Gruppenentwicklungsstadien kennen, damit der Streß, die Gruppe durch die verschiedenen Entwicklungsstadien zu hieven, nicht nur auf mir allein lastet.»

«Haben Sie dir auch beim Diagnostizieren geholfen?» wollte Dan wissen.

«Na und ob!» konterte Maria, «und es hat uns sogar Spaß gemacht. Es kamen Bemerkungen wie: ‹Sieh da, wir sind jetzt auf Stufe 2!› In dem Moment, wo alle wußten, in welchem Stadium wir waren, halfen auch alle mit, die nötigen Direktiven und Unterstützung zu geben.»

«Ich wette, deine Leute sorgen dafür, daß du ehrlich bleibst, was?»

Maria lächelte. «Sie wissen genau, ob ich den adäquaten Führungsstil verwende. Aber noch wichtiger als ihre Teilnahme an Diagnose und Anpassung des Führungsstils ist, daß wir uns jetzt alle bevollmächtigt fühlen. Es kratzt keinen, wenn ich mal zu spät komme oder eine Sitzung versäume. Jemand aus der Gruppe kann die Führung übernehmen, und das gibt mir ein ganz neues Gefühl und mehr Freiheit.»

«Der Minuten-Manager würde sich freuen, wenn er das hören könnte», meinte Dan. «Er hat uns doch immer gesagt:

Bevollmächtigung heißt zurücktreten, damit andere starten können.

*

Empowerment is all about *letting go* so that others can *get going*.

01 Lob

Wir möchten gern folgende Personen, deren konzeptuelle Beiträge uns bei der Vorbereitung dieses Buchs unschätzbare Dienste geleistet haben, die ihnen gebührende Anerkennung aussprechen:

Ken Benne und *Paul Sheats* für ihre bahnbrechende Arbeit im Bereich der funktionellen Rollen der Gruppenmitglieder.

Paul Hersey für die kreative Zusammenarbeit mit Ken Blanchard bei der Entwicklung der Situationsbezogenen Führungstheorie.

Irving Janis für die Entwicklung und Dokumentation des *Groupthink*-Konzepts.

R. B. Lacoursiere danken wir für seine profunde Analyse des Lebenszyklus von Gruppen.

Marshall Sashkin für die entschiedene Parteinahme für Teilhabe an der Führungsverantwortung als ethischem Imperativ.

Edgar Schein sprechen wir Anerkennung aus für seine klarsichtige Analyse in Sachen Prozeß-Beratung und Gruppenbeobachtung.

Jessie Stoner für ihre Mitarbeit am PERFORM-Modell.

Dem *National Training Labs Institute* für seine Pioniertätigkeit auf dem Gebiet der Gruppendynamik und Gruppenentwicklung und für den nachhaltigen Einfluß, den dieses Institut auf unser aller Leben ausgeübt hat.

Für fundierte Meinungsäußerungen und Kritik danken wir:

Unseren Partnern bei der *Blanchard Training and Development, Inc.*, insbesondere *Marjorie Blanchard, Calla Crafts, Fred Finch, Laurie Hawkins, Alan Randolph, Ruth Anne Randolph, Rick Tate, Pat Zigarmi* und *Drea Zigarmi*.

Den Doktoranden von der *University of Massachusetts*, die wir wegen ihrer großen Zahl hier nicht alle namentlich nennen können, für ihr nicht immer bequemes, aber konstruktives Feedback und für ihre Anregungen.

Den vielen Teilnehmern an Seminaren über Hochleistungs-Teams und an Fortbildungsveranstaltungen zur Management-Entwicklung, die frühere Manuskriptfassungen lasen und verschiedene wichtige Änderungen vorschlugen.

Außerdem möchten wir *Eleanor Terndrup, Lisa Hendricsen, Katy Clawson, Harry Paul* und vor allem *Gene Kira* und *Anya D'Alessio* aufrichtig danken, daß sie durch ihre Arbeit das pünktliche Erscheinen dieses Buchs ermöglicht haben.

Und schließlich gilt unser Dank *Robert Nelson*, ohne dessen Geduld, gute Ratschläge und leichte Rippenstöße dieses Buch nie das Licht der Welt erblickt hätte.

:01 Über die Autoren

WENIGE haben die tägliche Praxis der Menschen- und Betriebsführung stärker geprägt als Ken Blanchard.

Der umgängliche und beliebte Autor, Redner und Firmenberater wird von Freunden, Kollegen und Klienten gleichermaßen als eine der klardenkendsten, überzeugendsten und sozial engagiertesten Persönlichkeiten des heutigen Wirtschaftslebens bezeichnet. Zahlreiche *Fortune-500*-Unternehmen und rasche expandierende, wettbewerbsorientierte Firmenneugründungen haben sich sein spezifisches Konzept der Mitarbeiterführung und -entwicklung zunutze gemacht.

Ken Blanchards Beiträge zur Managementliteratur haben eine tiefgreifende Wirkung ausgeübt. Seine Minuten-Manager-Bücher – darunter *Der Minuten-Manager* (1983), *Die Praxis des Einminuten-Managers* (1986), *Der Minuten-Manager: Führungsstile* (1986), *Der Minuten-Manager: Fitness* (1987) und *Der Minuten-Manager und der Klammer-Affe* (1990) –, von denen bisher über sieben Millionen Exemplare verkauft wurden, wurden in mehr als 20 Sprachen übersetzt. Zusammen mit Dr. Paul Hersey verfaßte Ken Blanchard das heute in fünfter Auflage vorliegende Lehrbuch *Management of Organizational Behavior*, und mit Dr. Norman Vincent Peale hat er 1988 das Buch *Die Kraft des positiven Führens* herausgebracht.

Blanchard ist Chef einer eigenen Managementberatungs- und Trainingsfirma, der 1979 mit seiner Frau Marjorie gegründeten Blanchard Training and Development, Inc., in San Diego. Er ist Professor für Menschenführung an der University of Massachusetts in Amherst und Gastdozent an der Cornell University, wo er auch dem Board of Trustees angehört.

Ken Blanchard machte den B.A. in Staatsrecht und Philosophie an der Cornell University, den M.A. in Soziologie und

Counseling an der Colgate University und den Doktor in Erziehungswissenschaften und Menschenführung an der Cornell University.

Don Carew genießt einen ausgezeichneten Ruf als Managementberater, Trainer, Ausbilder und als dynamischer Redner, der seine Zuhörer motivieren kann.

Er hat als Berater mit Regierungsbehörden, mit Ausbildungs- und Wirtschaftsorganisationen überall in den Vereinigten Staaten, in Mexiko und Kanada zusammengearbeitet. Seine Spezialgebiete sind Menschenführung, Team-Aufbau, Wandlungsprozesse von Organisationen sowie Fragen der Arbeitnehmer-Mitbestimmung und Zusammenarbeit am Arbeitsplatz.

Seine fundierten, auf direkter Erfahrung basierenden Vorträge und Seminare würzt er mit Begeisterung und Humor. Durch seine von Herzen kommende Art spricht Carew jede Zuhörerschaft an.

Don Carew ist Professor für Human Services und Angewandte Verhaltenswissenschaften an der University of Massachusetts, wo er auch das Doktorandenprogramm für Gruppenorganisations-Studien leitet.

Er ist Mitgestalter der Produktlinie «High Performing Teams» der Blanchard Training and Development, Inc. Zugleich arbeitet er aktiv am National Training Labs Institute mit.

Don Carew machte seinen B.A. in Betriebswirtschaft und seinen M.A. in Human Relations an der Ohio University und promovierte in psychologischer Beratung an der University of Florida.

Eunice Parisi-Carew ist eine profilierte Managementberaterin, Trainerin und gefragte Rednerin, die ihr Publikum motiviert.

Mit ihrem breiten Erfahrungshintergrund auf vielen Feldern

von Management und Organisationsentwicklung hat sie für eine Reihe nordamerikanischer Spitzenkonzerne – darunter Merrill Lynch, AT&T, Hyatt Hotels, Transco Energy Company und für das Department of Health, Education and Welfare – Trainings- und Beratungsprojekte entwickelt, geleitet und praktisch umgesetzt.

Wenn Eunice Parisi-Carew am Rednerpult steht, springt sofort ein Funke über. Mit Aufrichtigkeit, Kenntnisreichtum, Eloquenz und gewinnendem Humor hält sie Engagement und Interesse ihrer Zuhörer wach. Als Trainerin vermag sie sich sensibel in die Bedürfnisse von Gruppen einzufühlen.

Team-Aufbau, Menschenführung, Produktivitätssteigerung, Fragen von Firmenethik und Kundenservice sowie Lebensplanung gehören zu den Themen, die Eunice Parisi-Carew in Seminaren, Vorträgen und Artikeln behandelt. Sie war an der Entwicklung der von Blanchard Training and Development, Inc. angebotenen Produktlinie «High Performing Teams» beteiligt.

Eunice Parisi-Carew führte an der University of Hartford ein Graduiertenprogramm in Gruppendynamik und Menschenführung durch und hat einen Lehrauftrag an der American University. Sie gehört der Leitung des National Training Labs Institute an. Bei Blanchard Training and Development, Inc. leitet sie den Bereich Professional Services.

Eunice Parisi-Carew machte an der University of Massachusetts mit einer verhaltenswissenschaftlichen Arbeit ihren Doktor im Fachbereich Erziehungswissenschaften (Ed.D.) und ist im Bundesstaat Massachusetts als Psychologin zugelassen.